Max Lucado
Vater unser

Über den Autor

Max Lucado ist Pastor der *Oak Hills Church* in San Antonio, Texas. Er ist verheiratet, Vater von drei Töchtern und Verfasser vieler Bücher. Die Zeitschrift *Christianity Today* zählt ihn zu den bekanntesten christlichen Autoren Amerikas.
Zu seinen Bestsellern gehören u. a. „Leben ohne Angst", „Du schaffst das", „Leichter durchs Leben" und „Wie man Riesen besiegt".

Max Lucado

Vater Unser

Entdecken Sie die verändernde
Kraft eines einfachen Gebets

Aus dem Englischen von Martina Merckel-Braun

*Für meinen guten Freund und
wertvollen Mitarbeiter Mark Tidwell,
der für mich ein echter Glaubensheld ist.*

Er erfüllt die Bitten der Menschen, die ihm gehorchen;
er hört ihr Schreien und rettet sie.

Psalm 145,19 (Gute Nachricht)

Inhalt

Kapitel 1: Das Hosentaschengebet 11
Kapitel 2: Vater ... Papa 21
Kapitel 3: Du bist gut 31
Kapitel 4: Ich brauche Hilfe 41
Kapitel 5: Heile mich 55
Kapitel 6: Vergib mir 67
Kapitel 7: Sie brauchen Hilfe 77
Kapitel 8: Danke 91
Kapitel 9: Im Namen Jesu. Amen 105

Gesprächsanregungen 115
Persönliche Gebetsstärken 161
Wem ich dankbar bin 177
Anmerkungen 179

Kapitel 1

Das Hosentaschengebet

Guten Tag, darf ich mich kurz vorstellen?

Ich heiße Max und ich bin ein Gebets-Loser auf dem Weg der Besserung. Ich nicke ein, wenn ich bete. Meine Gedanken springen hin und her. Ablenkungen überfallen mich wie ein Schwarm Mücken in einer Sommernacht. Falls das Aufmerksamkeits-Defizit-Syndrom auch das Gebetsleben beeinflusst, bin ich definitiv betroffen. Wenn ich bete, fallen mir tausend Dinge ein, die ich noch erledigen muss.

Und ich vergesse das eine, das ich gerade machen will: beten.

Manche Leute sind richtige Gebetshelden. Sie atmen den Himmel ein und Gott aus. Sie sind das Sondereinsatzkommando der Fürbitte. Sie würden lieber beten, als zu schlafen. Wie kann es da sein, dass ich einschlafe, während ich bete? Sie gehören zum VGG – zum Verein der Gebetsgiganten. Ich hingegen bin ausgewiesenes Mitglied der AGL – der Anonymen Gebets-Loser.

Kommt Ihnen das bekannt vor? Es ist ja nicht so, dass wir überhaupt nicht beten würden. Wir beten schon.

Wir beten, wenn wir unser Kopfkissen nass geweint haben.

Wir beten liturgische Gebete im Gottesdienst.

Wir beten, wenn ein Schwarm Gänse über uns dahinzieht.

Wir beten, indem wir traditionelle Andachtsbücher zitieren.

Diese Woche werden mehr Menschen beten, als Sport treiben, arbeiten oder Sex haben – zumindest, wenn man unseren amerikanischen Statistiken glauben darf. Meinungsumfragen deuten darauf hin, dass jeder fünfte Ungläubige täglich betet. Sozusagen „für alle Fälle".

Wir beten, dass wir nicht zur Flasche greifen, dass wir uns konzentrieren können, dass wir finanziell über die Runden kommen. Wir beten, wenn der Arzt uns sagt, dass der Knoten bösartig ist. Wenn das Geld schneller zu Ende ist als der Monat. Wenn das ungeborene Baby sich eine Zeit lang nicht bewegt hat. Wir beten schon ... dann und wann.

Aber würden wir nicht alle gern ...

... öfter ...

... besser ...

... mit mehr Tiefgang ...

... kraftvoller ...

... mit mehr Feuer, Glauben und Begeisterung beten?

Aber wir müssen für unsere Kinder kochen, unsere Rechnungen bezahlen, unsere Abgabetermine einhalten. Unser Terminkalender verschlingt unsere guten Absichten wie die Schlange das Kaninchen. Wir wollen schon beten, aber *wann*?

Wir wollen schon beten, aber *warum*? Wir können es ruhig zugeben: Beten ist irgendwie seltsam. Eigenartig. Wir sprechen ins Leere hinein. Schicken Worte in den Himmel. Wir kriegen noch nicht mal unseren Internetprovider in die Leitung und da soll Gott uns hören? Unser Hausarzt hat schon zu viel zu tun und Gott soll Zeit für uns haben? Wir haben da so unsere Zweifel.

Und dann haben wir auch so unsere speziellen Erfahrungen gemacht: unerfüllte Erwartungen, unbeantwortete Bitten. Ja, es fällt uns schwer, auf die Knie zu fallen, denn wenn wir ehrlich sind, sind sie schon ziemlich vernarbt. Für manche von uns ist Gott der ultimative Herzensbrecher. Warum sollten wir die Münzen unserer Sehnsüchte weiterhin in einen schweigenden Brunnen werfen? *Er hat mich schon mal hängen lassen, noch mal passiert mir das nicht!*

Ja, Gebet ist schon so eine Sache für sich.

Und wir sind nicht die Ersten, die damit Probleme haben.

Die Teilnehmerliste für den Gebetsgrundkurs enthält ein paar bekannte Namen: die Apostel Johannes, Jakobus, Andreas und Petrus. Als einer der Jünger Jesu bat: „Rabbi, lehre uns doch auch, wie wir beten sollen" (Lukas 11,1; WD), hatte keiner der anderen etwas dagegen einzuwenden. Niemand winkte ab und sagte: „Hey, ich weiß schon alles, was es über das Gebet zu wissen gibt." Die ersten Nachfolger Jesu brauchten eine Anleitung fürs Gebet. Ein Workshop zum Thema „Beten" war tatsächlich das einzige Seminar, um das sie jemals baten. Sie hätten um Instruktionen zu zahlreichen Themen bitten können: Vermehrung von Brot, Halten von Vorträgen, Stillen von Stürmen. Jesus hat Tote auferweckt. Doch ein „Wie leere ich den Friedhof"-Seminar? Das verlangten seine Jünger nie. Aber darum baten sie ihn: „Herr, lehre uns beten."

Könnte ihr Interesse etwas mit den unglaublichen, faszinierenden Verheißungen zu tun haben, die Jesus an das Gebet knüpfte? „Wenn ihr Gott um etwas bittet, sagt ihm mit einfachen Worten, was ihr nötig braucht. Er weiß, wie er euren Bitten und Fragen am besten begegnet" (Matthäus 7,7; WD). „Ihr werdet alles bekommen, wenn ihr im festen Glauben darum bittet" (Matthäus 21,22; Hfa). Für nichts anderes, was wir tun könnten, hat Jesus uns einen ähnlichen Erfolg versprochen. „*Plant* und ihr werdet bekommen!" oder: „Ihr werdet alles bekommen, wofür ihr *arbeitet*" – diese Worte stehen nicht in der Bibel. Aber diese schon: „Wenn ihr dagegen eng mit mir verbunden bleibt und meine Worte in eurem Herzen lebendig sind, dann könnt ihr von mir erbitten, was ihr wollt, und ich werde eure Bitte erfüllen" (Johannes 15,7; WD).

> Die ersten Nachfolger Jesu brauchten eine Anleitung fürs Gebet. Ein Workshop zum Thema „Beten" war tatsächlich das einzige Seminar, um das sie jemals baten.

Jesus hat uns atemberaubende Verheißungen geschenkt, wenn wir beten.

Und er war ein überzeugendes Beispiel: Jesus betete vor dem Essen. Er betete für Kinder. Er betete für die Kranken. Er betete, um zu danken. Er betete unter Tränen. Er, der die Planeten gemacht und die Sterne geformt hatte, betete. Er, der Herrscher über die Engel, der Befehlshaber der himmlischen Heerscharen, betete. Er, das vollkommene Abbild von Gottes Herrlichkeit und der unverfälschte Ausdruck seines Wesens, betete. Er betete in der Wüste, auf dem Friedhof, im Garten. „Tief in der Nacht, lange bevor es dämmerte, stand Jesus auf und ging an einen einsamen Ort, um dort zu beten" (Markus 1,35; WD).

Das folgende Gespräch war bei seinen Freunden bestimmt an der Tagesordnung:

„Hat irgendjemand Jesus gesehen?"

„Ach, weißt du, er macht wieder das Übliche."

„Er betet *schon wieder?*"

„Genau. Er ist seit Sonnenaufgang weg."

Jesus zog sich sogar manchmal eine ganze Nacht lang zurück, um zu beten. Ich denke da an eine bestimmte Gelegenheit: Er hatte gerade einen der anstrengendsten Tage seines Dienstes hinter sich. Der Tag begann mit der Nachricht vom Tod Johannes' des Täufers. Jesus wollte sich mit seinen Jüngern zurückziehen, aber sie wurden von einer Menschenmenge regelrecht verfolgt. Obwohl sein Herz schwer war vor

Kummer, verbrachte er den Tag damit, zu lehren und Kranke zu heilen. Als er feststellte, dass all die Leute, die sich um ihn drängten, keine Nahrung bei sich hatten, vermehrte er ein paar Laibe Brot und gab ihnen allen zu essen. In einem Zeitraum von wenigen Stunden kämpfte er gegen Kummer und Stress an, erfüllte Forderungen und stillte Bedürfnisse. Er hatte sich eine gute Nachtruhe verdient. Aber als es endlich Abend wurde, schickte er die Menge nach Hause, befahl seinen Jüngern, in ihr Boot zu steigen, und „stieg [...] auf einen Berg, um zu beten" (Markus 6,46; WD).

Offenbar war das die richtige Entscheidung: Über dem See Genezareth „kam [Wind] auf, der den Jüngern schwer zu schaffen machte. Auch die Wellen schlugen immer heftiger gegen das Boot. Es war gegen vier Uhr morgens, als sie Jesus direkt auf sich zukommen sahen – auf dem Wasser!" (Matthäus 14,24–25; WD). Als Jesus den Berg hinaufstieg, war er erschöpft und ausgelaugt. Als er herunterkam, war er erholt und energiegeladen. Unten am Ufer blieb er keine Sekunde stehen. Man hätte meinen können, das Wasser wäre eine grüne Wiese und der Sturm ein sanfter Frühlingswind.

Glauben Sie, dass die Jünger den Zusammenhang zwischen Gebet und Vollmacht erkannten? „Herr, lehre uns, *so* zu beten. Lehre uns, so zu beten, dass wir dadurch neue Kraft bekommen. Dass wir dadurch unsere Angst besiegen. Dass wir dadurch Stürme stillen. Dass wir die Kraft eines Königssohnes besitzen, wenn wir vom Gebetsberg herabkommen."

Wie ist es mit Ihnen? Die Jünger waren mit tosenden Wellen und einem kühlen Grab konfrontiert. *Sie* haben vielleicht mit verärgerten Kunden, turbulenten Kindern und den tosenden Wellen von Stress und Kummer zu kämpfen.

Wir bitten immer noch: „Herr, lehre uns doch, wie wir beten sollen."

Als die Jünger Jesus darum baten, sie beten zu lehren, gab er ihnen ein Gebet. Er hielt ihnen keinen Vortrag über das Thema. Gab ihnen keine Gebetsvorschriften an die Hand. Er gab ihnen ein kurzes Gebet, das sie zitieren, wiederholen und übertragen konnten (Lukas 11,1–4).

Könnten Sie es nicht auch benutzen? Mir scheint, die Gebete der Bibel lassen sich auf ein einziges herunterbrechen. Das Ergebnis ist ein einfaches, leicht zu merkendes „Hosentaschengebet":

> Als die Jünger Jesus darum baten, sie beten zu lehren, gab er ihnen ein Gebet. Er hielt ihnen keinen Vortrag über das Thema. Gab ihnen keine Gebetsvorschriften an die Hand. Er gab ihnen ein kurzes Gebet, das sie zitieren, wiederholen und übertragen konnten.

Vater,
du bist gut.
Ich brauche Hilfe. Heile mich und vergib mir.
Sie brauchen Hilfe.
Danke.
Im Namen Jesu. Amen.

Streuen Sie dieses Gebet in Ihren Tag ein. Sagen Sie morgens beim Aufstehen: *Vater, du bist gut.* Wenn Sie zur Arbeit fahren oder durch die Gänge in der Uni gehen: *Ich brauche Hilfe.* Wenn Sie in der Schlange an der Supermarktkasse stehen: *Sie brauchen Hilfe.* Tragen Sie dieses Gebet mit sich herum, während Sie durch den Tag gehen.

Für die meisten bedeutet beten nicht, sich einen Monat lang zurückzuziehen oder auch nur eine Stunde lang zu meditieren. Beten bedeutet, mit Gott zu reden, während wir zur Arbeit fahren oder auf einen Termin warten oder bevor wir mit einem Kunden reden. Gebet kann die innere Stimme sein, die unser äußeres Handeln bestimmt.

So viel ist sicher: Gott will Ihnen beibringen, wie Sie beten können.

> Beten bedeutet, mit Gott zu reden, während wir zur Arbeit fahren oder auf einen Termin warten oder bevor wir mit einem Kunden reden.

Glauben Sie keine Minute lang, dass er Sie mit verschränkten Armen und missbilligendem Stirnrunzeln aus der Ferne anstarrt und darauf wartet, dass Sie Ihr Gebetsleben auf die Reihe kriegen. Ganz im Gegenteil.

„Merkst du es denn nicht: Ich stehe vor deiner Tür und klopfe an; wenn du meine Stimme hörst und mir die Tür öffnest, dann werde ich bei dir eintreten und mit dir zusammen essen und du mit mir" (Offenbarung 3,20; WD).

Jesus wartet an der Haustür. Er steht auf der Türschwelle. Er klopft und ruft. Er wartet darauf, dass Sie ihm öffnen. Und Sie öffnen ihm, indem Sie beten. Zu beten bedeutet, Ihre Glaubenshand auf die Klinke Ihrer Herzenstür zu legen. Die Tür zu öffnen und Jesus willkommen zu heißen: „Komm rein, mein König. Komm rein." – „In der Küche sieht es zwar chaotisch aus, aber komm trotzdem rein." – „Ich hab nicht geputzt, aber komm rein." – „Ich bin zwar kein guter Gesellschafter, aber komm dennoch rein."

> So viel ist sicher: Gott will Ihnen beibringen, wie Sie beten können.

Wir reden. Er hört zu. Er redet. Wir hören zu. Das ist Gebet in seiner Reinform. Das sind die Momente, in denen Gott die Menschen verändert, die zu ihm gehören.

Er verändert mich! Ja, ich bin ein Gebets-Loser, aber einer, der sich *bessert*. Ich bin noch nicht da, wo ich sein möchte, aber auch nicht mehr da, wo ich mal war. Meine Gebetszeit ist heute meine Zeit zum Auftanken. Das Hosentaschengebet ist mir ein guter Freund geworden. Seine Sätze haben sich in meinem Kopf festgesetzt wie ein Ohrwurm.

Vater,
du bist gut.
Ich brauche Hilfe. Heile mich und vergib mir.
Sie brauchen Hilfe.
Danke.
Im Namen Jesu. Amen.

Wenn wir Gott in unsere Welt einladen, kommt er herein. Er hat eine Menge Geschenke dabei: Freude, Geduld, Widerstandskraft. Sorgen kommen, aber sie bleiben nicht. Ängste tauchen auf, aber sie verschwinden wieder. Reue klatscht gegen die Windschutzscheibe, aber dann betätigen wir einfach den Scheibenwischer des Gebets. Der Teufel versucht immer noch, mich mit Schuldgefühlen niederzuknüppeln, aber ich drehe mich um und gebe sie Jesus. Ich gehe auf die siebzig zu und bin trotzdem ein Energiebündel. Ich bin so glücklich, gesund und voller Hoffnung wie nie zuvor. Natürlich habe ich manchmal Schwierigkeiten. Aber ich habe Gott.

> Wir reden. Er hört zu. Er redet. Wir hören zu. Das ist Gebet in seiner Reinform. Das sind die Momente, in denen Gott die Menschen verändert, die zu ihm gehören.

Gebet ist nicht das Privileg der Frommen und keine Kunstform, die nur ein paar Auserwählte beherrschen. Gebet ist einfach ein vertrautes Gespräch zwischen einem Vater und seinem Kind. Glauben Sie mir, er will mit Ihnen reden. Gerade jetzt, wo Sie das lesen, klopft er an Ihre Tür. Machen Sie auf. Heißen Sie ihn willkommen. Lassen Sie das Gespräch beginnen.

Kapitel 2

Vater ... Papa ...

Als meine älteste Tochter dreizehn war, verpatzte sie bei einem Vorspielabend ihren Auftritt. Jenna wurde später eine erstklassige Pianistin und eine wunderbare Sängerin. Aber jeder hat mal einen schlechten Tag. Sie hatte ihren eben zufällig vor einem Saal voller Zuschauer, unter denen auch ein Haufen Angehörige und Freunde waren. Zu Anfang klappte alles prima. Ihre Finger glitten über die Tasten wie die von Billy Joel. Aber mitten im Stück sprang ihr musikalischer Zug aus den Gleisen.

Ich sehe sie immer noch vor mir: den Blick starr nach vorn gerichtet, die Finger wie mit Sekundenkleber festgeklebt. Sie ging ein paar Takte zurück und setzte noch einmal an. Keine Chance. Sie konnte sich um nichts in der Welt daran erinnern, wie es weiterging. Es war mucksmäuschenstill – man hörte nichts außer den klopfenden Herzen ihrer Eltern.

Komm, Liebling, du schaffst das.
Versuch's noch mal.
Gib nicht auf. Gleich fällt's dir wieder ein.

Das tat es dann auch wirklich. Jennas mentale Blockade löste sich auf und sie spielte das Stück zu Ende. Aber das Unglück war bereits geschehen. Sie erhob sich mit bebendem Kinn und verbeugte sich kurz. Das Publikum spendete mitfühlenden Applaus. Sie stürzte regelrecht von der Bühne. Denalyn und ich standen hastig auf und trafen sie an der Seite des Saals. Sie warf die Arme um mich und barg das Gesicht an meiner Brust.

„Ach, Papa."

Das genügte. Denalyn und ich hüllten sie von beiden Seiten in unsere Liebe ein. Wenn eine Umarmung Scham beseitigen könnte, hätte diese es getan. In diesem Moment hätte ich ihr die Sterne vom Himmel geholt. Alles, was sie gesagt hatte, war: „Ach, Papa."

> Gebet beginnt immer mit einem ehrlichen, tief empfundenen „Ach, Papa".

Das ist ein guter Gebetseinstieg. Gebet beginnt immer mit einem ehrlichen, tief empfundenen „Ach, Papa".

Jesus hat uns gelehrt, unsere Gebete so zu beginnen: „Unser Vater im Himmel" (Matthäus 6,9; WD). Oder genauer: „Unser *Abba* im Himmel." *Abba* ist ein intimes, zärtliches, volkstümliches Wort, die wärmste der aramäischen Bezeichnungen für „Vater".

Keine Förmlichkeiten mehr. Stattdessen Nähe. Jesus lädt uns dazu ein, so zu Gott zu kommen, wie ein Kind zu seinem Papa kommt.

Und wie kommen Kinder zu ihrem Papa? Ich bin mal auf einen Schulhof gegangen, um es herauszufinden. Ich habe mich auf eine Bank gesetzt und mir Notizen gemacht. Die meisten Kinder wurden von ihren Müttern abgeholt. Aber es hatten doch genügend Väter Fahrdienst, dass ich meine Recherche durchführen konnte. Wie reagiert ein fünfjähriges Kind, wenn es seinen Vater auf dem Parkplatz entdeckt?

> Jesus lädt uns ein, so zu Gott zu kommen, wie ein Kind zu seinem Papa kommt.

„Yippie!", schrie der rothaarige Junge mit dem *Batman*-Rucksack.

„Eis essen!", rief das sommersprossige Mädchen und bezog sich dabei offenbar auf ein Versprechen, das der Vater ihr gegeben hatte.

„Papa! Hier rüber! Schubs mich an!", schrie der Junge mit einer Baseballkappe der *Boston Red Sox* und rannte zu den Schaukeln.

Ich hörte Bitten wie: „Papa, kann Tommy mit zu uns kommen? Seine Mama ist auf Geschäftsreise, und er will nicht bei seiner großen Schwester bleiben, weil er bei ihr nicht fernsehen darf und weil sie ihn zum Essen zwingt …" Der Junge redete wie ein Wasserfall. Es schien überhaupt keinen Ausschaltknopf zu geben.

Ich hörte Fragen: „Fahren wir nach Hause?" Und ich hörte Jubelschreie: „Papa! Guck mal, was ich gemacht habe!"

Was ich nicht gehört habe, war: „Vater, es ist so gnädig von dir, dass du mit deinem Auto zu meiner Bildungsstätte fährst und mich zu dir nach Hause holst. Ich danke dir aus tiefstem Herzen für deine Barmherzigkeit. Deine Fürsorge ist wunderbar und deine Hingabe einzigartig."

Ich hörte keine Förmlichkeiten und keine geschwollenen Ausdrücke. Ich hörte Kinder, die glücklich waren, ihren Papa zu sehen, und die es nicht abwarten konnten, mit ihm zu reden.

Gott lädt uns dazu ein, auf genau *dieselbe* Art zu ihm zu kommen. Was für eine Erleichterung! Wir Gebets-Loser haben nämlich Angst davor, „falsch" zu beten. Was ist die richtige Gebetshaltung, die angemessene Kleiderordnung? Was ist, wenn wir knien, aber eigentlich stehen müssten? Was ist, wenn wir die verkehrten Worte oder den falschen Tonfall benutzen? Haben wir seine Gnade verspielt, wenn wir „um Jesu willen" statt „in Jesu Namen" sagen?

Was Jesus dazu meint? „Wenn ihr nicht umkehrt und wie die Kinder werdet, könnt ihr nicht ins Himmelreich kommen" (Matthäus 18,3; NGÜ). *Werdet wie die Kinder.* Sorglos. Fröhlich. Verspielt. Vertrauensvoll. Neugierig. Begeistert.

Versuchen Sie nicht, Eindruck zu machen; seien Sie klein und bescheiden. Vertrauen Sie mehr. Plustern Sie sich weniger auf. Äußern Sie viele Bitten und nehmen Sie alle Geschenke mit Begeisterung an. Kommen Sie zu Gott wie ein Kind zu seinem Papa.

Papa. Das Wort kratzt an unserem Stolz. Andere Anreden gestatten uns eine kühle Distanz. Als Pastor weiß ich das aus eigener Erfahrung. Wir senken die Stimme, machen eine dramatische Pause. „Oh heiliger Herr …" Ich lasse meine Worte im Universum widerhallen, während ich, der Hohepriester der Bittgesuche, mein Gebet vortrage.

„Gott, du bist mein König und ich bin dein Prinz."

„Gott, du bist der Dirigent und ich bin dein Musiker."

„Gott, du bist der Herrscher und ich bin dein Botschafter."

Aber Gott bevorzugt diese Begrüßung: „Gott, du bist mein Papa und ich bin dein Kind."

Ich sage Ihnen, warum: Es ist schwierig, sich aufzuplustern und Gott gleichzeitig „Papa" zu nennen. Es ist nicht nur schwierig – es ist unmöglich. Vielleicht ist das auch der Punkt. An einer anderen Stelle sagt Jesus: „Und wenn ihr betet, sollt ihr nicht sein wie die Heuchler, die gern in den Synagogen und an den Straßenecken stehen und beten, damit sie von den Leuten gesehen werden. Wahrlich, ich sage euch: Sie haben ihren Lohn schon gehabt" (Matthäus 6,5; LÜ).

Religiöse Führer liebten (und lieben) es, ihre Gebete zu inszenieren. Sie platzierten sich an Straßenkreuzungen und stellten ihre Frömmigkeit öffentlich zur Schau. Bei Jesus bewirkte das nichts als Brechreiz. „Wenn du beten willst, geh in dein Zimmer, schließ die Tür, und dann bete zu deinem Vater, der auch im Verborgenen gegenwärtig ist; und dein Vater, der ins Verborgene sieht, wird dich belohnen" (Matthäus 6,6; NGÜ).

Keine Frage, dass seine Zuhörer von diesen Worten schockiert waren. Sie nahmen höchstwahrscheinlich an, dass nur besondere Menschen an einem besonderen Ort beten durften. Gott begegnete dem Hohepriester im Tempel, hinter dem Vorhang, im Allerheiligsten. Unter Jesu Zuhörern waren aber einfache Bauern und Maurer. Schlichte, bodenständige Menschen. Sie konnten den Tempel nicht betreten. Ihr Zimmer aber schon.

„Geh in dein Zimmer, schließ die Tür …" In der damaligen Zeit handelte es sich bei dem Raum, der eine Tür besaß, wahrscheinlich um den Lagerraum. Dort bewahrte man Werkzeug, Saatgut und landwirtschaftliche Gerätschaften auf. Unter Umständen lief sogar ein Huhn darin herum. Dieser Raum hatte nichts Heiliges an sich. Es war der Ort, an dem das Alltagsleben stattfand.[1]

> Es ist schwierig, sich aufzuplustern und Gott gleichzeitig „Papa" zu nennen. Es ist nicht nur schwierig – es ist unmöglich. Vielleicht ist das der Punkt.

Das ist heute noch so. Meine „Kammer"[2] enthält keinen überflüssigen Schnickschnack und keine tollen Möbel. Sie enthält ein Schuhregal, einen Korb für Schmutzwäsche, Kleiderbügel und Schubladen für Socken und Unterwäsche.

Ich empfange in meiner Kammer auch keine Gäste. Sie werden nie hören, dass ich meine Besucher nach dem Abendessen auffordere: „Lasst uns in die Kammer gehen und noch ein bisschen miteinander reden." Denalyn und ich gehen lieber ins Wohnzimmer oder in unser gemütliches Fernsehzimmer. Aber Gott liebt es offenbar, in der Kammer mit uns zu reden.

Warum? Es geht ihm nicht um eine schicke Einrichtung, sondern um Nähe. Im Vatikan zu beten, kann etwas ganz Großes sein. Aber Gebete, die wir zu Hause sprechen, haben ebenso viel Gewicht wie Gebete, die in Rom vorgetragen werden. Fahren Sie zur Klagemauer, wenn Sie möchten. Aber die an Ihrem Gartenzaun gesprochenen Gebete sind genauso effektiv. Derjenige, der Ihre Gebete hört, ist Ihr Papa. Sie brauchen ihn nicht mit besonderen Orten zu umwerben, um seine Aufmerksamkeit auf sich zu ziehen.

> Gott liebt es offenbar, in der Kammer mit uns zu reden. Warum? Es geht ihm nicht um eine schicke Einrichtung, sondern um Nähe.

Oder mit Redegewandtheit. Jesus fährt fort: „Das bedeutet auch, dass ihr nicht versuchen solltet, Gott durch viele wortreiche Gebete zu beeinflussen. Das versuchen immer wieder Menschen, die von Gebet keine Ahnung haben. Ihr wisst, dass ihr mit eurem Vater im Himmel redet, und der weiß besser als ihr selbst, was ihr braucht. Mit einem Gott, der euch liebt, könnt ihr sehr einfach sprechen" (Matthäus 6,7–8; WD).

Jesus maß der Wortwahl beim Gebet wenig Bedeutung bei. Wir neigen eher zum Gegenteil. Je mehr Worte, desto besser. Je *bessere* Worte, desto besser. Muslimische Gebete – so beeindruckend sie auch sind – müssen fünfmal am Tag zu genau festgesetzten Zeiten rezitiert werden. Buddhistische Gebete – so tiefgründig sie auch sind – basieren auf der Wiederholung von Mantras, Worten und Silben. Selbst manche christlichen Glaubensrichtungen unterstreichen die Bedeutung der angemessenen Gebetssprache, des neusten Gebetstrends, der heiligsten Gebetsterminologie. Ungeachtet all der Bedeutung, die Worten und Ritualen beigemessen wird, sagt Jesus: Ihr solltet nicht versuchen, „Gott durch viele wortreiche Gebete zu beeinflussen. Das versuchen immer wieder Menschen, die von Gebet keine Ahnung haben" (Matthäus 6,7; WD).

> Jemand mit einer aufrichtigen Einstellung kann ebenso wenig „falsch" beten, wie ein glückliches Kind seinen Vater „falsch" umarmen kann.

Menschen lassen sich vielleicht von Wortwahl und Räumlichkeiten beeindrucken, Gott aber nicht. Es gibt keine himmlischen Preisrichter, die Bewertungskarten hochhalten: „Klasse, Lucado, für das Gebet kriegst du zehn Punkte. Gott wird dich bestimmt erhören!" – „Du meine Güte, Lucado, das waren bloß zwei Punkte. Geh nach Hause und üb noch ein bisschen." Gebete werden nicht nach äußeren Kriterien beurteilt.

Jemand mit einer aufrichtigen Einstellung kann ebenso wenig „falsch" beten, wie ein glückliches Kind seinen Vater „falsch" umarmen kann. Gott weiß, dass das Leben uns schon genug Bürden auferlegt – auf die Bürde, korrekt beten zu müssen, können wir getrost verzichten. Wenn es beim Gebet auf mich selbst und meine Leistung ankommt, habe ich von vornherein verloren. Aber wenn es auf die Macht desjenigen ankommt, der mein Gebet hört, und wenn derjenige, der es hört, mein Papa ist, dann habe ich Hoffnung.

Beten ist wirklich so einfach. Widerstehen Sie dem Drang, es kompliziert zu machen. Versuchen Sie erst gar nicht, kunstvolle Worte zu wählen. Entschuldigen Sie sich nicht für Ihr Gestammel. Keine Spielchen. Kein So-tun-als-Ob. Seien Sie einfach ehrlich – ehrlich zu Gott. Klettern Sie auf seinen Schoß. Sagen Sie ihm alles, was Sie auf dem Herzen haben. Oder sagen Sie ihm überhaupt nichts. Halten Sie ihm einfach Ihr Herz hin und sagen Sie: „Vater … Papa …"

> Wenn es beim Gebet auf mich selbst und meine Leistung ankommt, habe ich von vornherein verloren. Aber wenn es auf die Macht desjenigen ankommt, der mein Gebet hört, und wenn derjenige, der es hört, mein Papa ist, dann habe ich Hoffnung.

Und manchmal ist „Papa" alles, wozu wir imstande sind. Stress. Angst. Schuld. Kummer. Forderungen von Hinz und Kunz. Alles, was wir zuwege bringen, ist ein klägliches „Ach, Papa". Wenn es so ist, dann genügt das. Es genügte bei meiner Tochter. Jenna sagte nur zwei Worte und ich schloss sie in die Arme. Ihr himmlischer Vater wird dasselbe tun.

Kapitel 3

Du bist gut

Als ich vergangene Woche in ein Flugzeug stieg, rief der Pilot meinen Namen. Er stand in der Cockpit-Tür und begrüßte einige Passagiere. „Oh, hallo, Max." Ich sah auf. Es war mein Freund Joe. Mein *alter* Freund Joe. Er ist der Methusalem der Fliegerei. Er fliegt seit einer halben Ewigkeit. Er hat Transportflugzeuge in Vietnam geflogen und Tausende von Stunden als Berufspilot auf dem Buckel. Er kennt jedes flugtechnische Problem aus eigener Erfahrung – von Gewitterstürmen bis zu leeren Tanks. Er ist ein guter Pilot.

Und er ist ein Freund, ein *guter* Freund. Er wohnt zwar nicht in meiner Straße, aber wenn er in meiner Straße wohnen würde, würde unser Grundstückswert steigen. Wenn ich im Krankenhaus läge, würde er an meinem Bett wachen. Wenn ich im Urlaub wäre, würde er meinen Hund versorgen. Wenn ich ihn beleidigen würde, würde er kein Aufheben darum machen, bis wir die Sache in Ruhe geklärt hätten. Er könnte ebenso wenig lügen, wie eine Mücke die Nationalhymne singen könnte. Er flucht nie, betrinkt sich nie und würde nie jemanden betrügen. So gut ist er.

Er ist einfach gut – ein guter Pilot und ein guter Kerl.

Wir unterhielten uns ein paar Minuten lang und ich begab mich voller Zuversicht an meinen Platz. *Was könnte ich mehr verlangen?*, dachte ich. *Der Pilot ist erfahren und sturmerprobt. Und mehr als das: Er ist ein guter Freund, mit dem ich schon viel erlebt habe. Ich bin in guten Händen.*

Diese Gewissheit erwies sich als sehr nützlich. Nach einer Stunde Flugzeit gerieten wir in eine Sturmfront. Die Passagiere schnappten nach Luft und klapperten mit den Zähnen, und die Flugbegleiterin forderte uns auf, unsere Sicherheitsgurte anzulegen und unsere Rosenkränze zur Hand zu nehmen. Im Vergleich zu diesem Flug ist eine Achterbahnfahrt ein reiner Spaziergang. Aber im Gegensatz zu den anderen Passagieren blieb ich ruhig. Ich war nicht lebensmüde, aber ich hatte einen Vorteil: Ich kannte den Piloten. Ich kannte Joe. Ich kannte seinen Charakter und vertraute auf seine Kompetenz. *Joe kriegt das hin,* sagte ich mir. Der Sturm war schlimm, aber der Pilot war gut. Ich entspannte mich so gut, wie das in einem Sturm eben möglich ist.

Glauben Sie mir: Um uns herum toben ständig Stürme. Jeder Tag bringt neue Böen. Mit der Wirtschaft geht es auf- und dann wieder abwärts. Unser Körper wird jeden Tag älter. Die

Situation auf dem Arbeitsmarkt ist alles andere als rosig. Die Gewalt auf den Straßen nimmt zu. Die Frage in diesen turbulenten Zeiten lautet: Haben wir einen guten Piloten?

Die eindeutige Antwort der Bibel lautet: Ja!

„Auf deine Güte, Herr, verlasse ich mich" (Psalm 25,7; GN).

„Gut und zuverlässig ist der Herr" (Psalm 25,8; GN).

„Herr, du bist gut und zum Vergeben bereit" (Psalm 86,5; Hfa).

Gott ist gut – er hat einen wunderbaren Charakter, und er weiß genau, was er tut.

Die meisten Menschen haben ein zu kleines Bild von Gott. Wir versuchen, ihn als unseren Freund zu sehen, und verlieren dabei aus den Augen, wie unermesslich groß er ist. Wir sehnen uns danach, ihn zu verstehen, und stecken ihn in irgendeine Schublade. Aber der Gott der Bibel lässt sich in kein Schema pressen. Er hat das Chaos in Ordnung verwandelt und das Universum erschaffen. Mit einem Wort hat er Adam aus einer Handvoll Staub gemacht und Eva aus einer Rippe. Er hat kein Komitee zu Hilfe gerufen. Er hat niemanden um Rat gefragt.

Es gibt keinen, der ihm ebenbürtig ist. „Ich allein bin Gott und sonst keiner, niemand ist mir gleich" (Jesaja 46,9; GN). Die größten Könige haben irgendwann ihre Krone abgegeben. Alexander der Große ist heute nur noch ein Häufchen Staub in einem Grab. Die Königin von England wird „Eure Majestät" genannt, aber sie muss essen und baden und sich ausruhen wie jeder andere auch. Der einzig wirklich Majestätische hingegen wird niemals hungrig. Er schläft nie. Er braucht niemanden, der sich um ihn kümmert oder ihm behilflich ist.

„Durch die Kraft seines Wortes trägt er das ganze Universum" (Hebräer 1,3; NGÜ) – von der kleinsten Mikrobe bis zum mächtigsten Berg.

Er hat die Kontrolle über diese Welt und …

Er hat die Kontrolle über *Ihre* Welt. Ihren Schlafrhythmus. Ihre Essgewohnheiten. Den Verkehr auf Ihrem Weg zur Arbeit. Die Arthrose in Ihren Gelenken. Gott hat all dies in seiner Hand. Ihn kann nichts überraschen. Er hat noch nie gesagt: „Wie konnte das denn passieren?!"

Gottes Macht ist einzigartig.

Und sein Herz ist makellos rein. „Er ändert sich nicht, und kein Schatten fällt auf uns, weil seine Einstellung zu uns ständig wechseln würde" (Jakobus 1,17; WD). Er hat keine Hintergedanken oder selbstsüchtigen Beweggründe. Seine Liebe ist rein und seine Vergebung aufrichtig. Gott ist durch und durch gut.

> Wenn Gott nur mächtig wäre, würden wir ihn ehren und anbeten. Aber weil er mächtig und barmherzig ist, können wir ihm nahekommen.

Seine Güte gehört zu den Hauptthemen der Bibel. Ich glaube, ich weiß, warum. Wenn Gott nur mächtig wäre, würden wir ihn ehren und anbeten. Aber weil er mächtig *und* barmherzig ist, können wir ihm nahekommen. Kein Wunder, dass der Psalmist uns einlädt: „Probiert es aus und erlebt selbst, wie gut der Herr ist!" (Psalm 34,9; Hfa). Ein Hauch von Gottes Güte verändert uns.

Gottes unvergleichliche Güte liegt allem zugrunde, was wir sonst noch über das Gebet sagen können. Wenn er so wäre wie wir, nur ein bisschen stärker, warum sollten wir dann beten? Wenn er müde würde, warum sollten wir beten? Wenn er Beschränkungen oder Fragen hätte oder unschlüssig wäre, könnten wir ebenso gut zum Zauberer von Oz beten.

Aber wenn Gott gleichzeitig unser Vater und unser Schöpfer ist, der – im Gegensatz zu uns – heilig ist und unendlich viel größer und mächtiger als wir, dann ist Hilfe an jedem Punkt unseres Lebens nur ein Gebet weit von uns entfernt.

> Wenn Gott gleichzeitig unser Vater und unser Schöpfer ist, der – im Gegensatz zu uns – heilig ist und unendlich viel größer und mächtiger als wir, dann ist Hilfe an jedem Punkt unseres Lebens nur ein Gebet weit von uns entfernt.

Als ich fünfzehn Jahre alt war, erbte ich einen Rambler-Kombi von meinem großen Bruder. Geben Sie mal den Begriff „Jolopy" in eine Suchmaschine ein, dann werden Sie ein Bild dieser Automarke sehen. Verblichener Lack, Schaltgetriebe, abgenutzte Polster. Der Wagen machte nicht viel her – aber er gehörte mir.

Mein Bruder hatte zum Highschool-Abschluss einen gebrauchten Plymouth bekommen, mit dem er jetzt Richtung College startete. Und mir hatte er den Rambler anvertraut. Ich weiß noch, wie er mir die Schlüssel gab.

„Du musst dafür sorgen, dass immer Benzin im Tank ist", riet mein Vater.

„Ich weiß."

„Und genug Druck auf den Reifen."

„Ich weiß."

„Kannst du einen Ölwechsel machen und den Wagen sauber halten?"

„Natürlich kann ich das", log ich. Um die Wahrheit zu sagen, kannte ich noch nicht einmal den Unterschied zwischen einem Verteiler und einem Scheibenwischer. Was seltsam war, denn mein Vater war Mechaniker. Er verdiente seinen Lebensunterhalt damit, Motoren für Ölförderanlagen zu reparieren. Und in seiner Freizeit setzte er Automotoren instand. Er arbeitete mit Maschinen wie Monet mit Farben – täglich und voller Begeisterung. Er versuchte, mich in sein Handwerk einzuweihen, und ich versuchte zu lernen, aber wenn es um Maschinen ging, war mein Gehirn wie eine Teflonpfanne. Es blieb einfach nichts haften.

Aber ich hatte nicht vor, das meinem Vater zu sagen.

Meine Unfähigkeit trat am darauffolgenden Samstag zutage. Dad erinnerte mich daran, dass es Zeit war, bei dem Rambler einen Ölwechsel zu machen.

„Weißt du, wie man das macht?"

„Ja", antwortete ich.

„Soll ich dir helfen?"

Ich hätte Ja sagen sollen.

Eine Stunde lag ich lang unter dem Auto und suchte nach der Ölwanne, und eine weitere Stunde lang kämpfte ich mit der Ablassschraube. Schließlich schaffte ich es, sie zu öffnen, ließ das Öl ab, kletterte unter dem Wagen hervor und füllte knapp 5 Liter neues Öl ein. Endlich geschafft!

Das dachte ich zumindest. Dad wartete in der Garage auf mich.

„Alles erledigt?"

„Alles erledigt."

„Ganz sicher?"

„Absolut."

„Und was ist das hier?"

Er deutete auf ein Öl-Rinnsal, das unsere Einfahrt hinunterfloss – sauberes Öl. Ich hatte vergessen, die Ablassschraube wieder anzuziehen.

„Max", sagte er, „wir müssen reden." Er ging mit mir zu seinem alten Pick-up, mit dem er über die Ölfelder fuhr. Er öffnete die hintere Klappe und zeigte mir einen großen Kasten voller Werkzeuge. Dann begann er, mir den Zweck jedes einzelnen Werkzeugs zu beschreiben. „Ich benutze das, um Ventile zu öffnen, dies hier, um Klemmen anzuziehen, dieses, um Schläuche anzuschließen, das da, um …"

Er ging mit mir ein Werkzeug nach dem anderen durch. Nach einer gefühlten Stunde Anschauungsunterricht machte er den riesigen Werkzeugkasten wieder zu, schloss ihn ab und blickte mir in die Augen. „Mein Junge", sagte er, „ich verdiene meinen Lebensunterhalt damit, Sachen zu reparieren. Was für dich schwierig ist, ist für mich leicht. Ich kann vielleicht nicht alles, aber ich kenne mich gut mit Maschinen aus. Lass mich dir helfen. Ich bin Mechaniker. Und außerdem bin ich dein Dad."

Ich habe nie wieder einen Tropfen Öl verschüttet. (Wenn mein Wagen heute einen Ölwechsel braucht, bezahle ich natürlich den Monteur in der Werkstatt dafür, dass er das macht.)

Wissen Sie, was ich glaube? Unsere größten Herausforderungen sind für Gott nichts als einfache Ölwechsel.

> Bevor Sie der Welt gegenübertreten, sollten Sie erst einmal Ihrem Vater gegenübertreten.

Und wissen Sie, was ich noch glaube? Viele von uns machen unnötig viel Sauerei.

Aber das lässt sich ändern.

Darf ich Ihnen einen Vorschlag machen? Bevor Sie der Welt gegenübertreten, sollten Sie erst einmal Ihrem Vater gegenübertreten.

Und das könnte zum Beispiel folgendermaßen gehen: Der Wecker geht seiner Bestimmung nach. Er macht: *Klingelingeling! Klingelingeling! Klingelingeling!* Sie stöhnen, rollen sich auf die Seite und setzen sich auf. Früher hätten Sie Kaffee gekocht, den Fernseher eingeschaltet und Ihren Tag damit begonnen, sich die neuesten Nachrichten über die großen Probleme dieser Welt reinzuziehen.

Aber heute beginnen Sie ihn mit dem Hosentaschengebet. Noch im Halbschlaf holen Sie sich Ihren Kaffee, trotten zu einem Sessel und lassen sich hineinfallen. Sie sind nicht gerade ein erhebender Anblick. Ihr Gesicht ist vom Kopfkissen zerknautscht, Ihre Haare sind verstrubbelt. Kein Problem. Sie sind ja nicht hier, um sich selbst anzuschauen. Sie sind hier, um Gott anzuschauen.

Vater ... Papa ... Zu Anfang kommen Ihnen die Worte nur stockend über die Lippen. Aber Sie bleiben dran. *Du bist gut. Dein Herz ist gut. Deine Wege sind die richtigen ...* Die Worte rühren Sie an. Etwas in Ihnen beginnt aufzuwachen. *Das Wetter ist schlecht, die Wirtschaftslage ist miserabel, aber du, Gott, bist wunderbar.*

Unterschätzen Sie die Bedeutung dieses Augenblicks nicht. Sie haben Gott gerade die Tür geöffnet und die Wahrheit in Ihr Herz gelassen. Der Glaube ist hineingeschlüpft, während die Verzweiflung noch schlummerte.

Wer weiß, vielleicht fangen Sie auch an, Gott anzubeten.

Vater, du bist gut. So gut, dass du mich liebst, dass du für mich sorgst, dass du für mich da bist. Du bist gut! Wenn du eine Augenbraue hochziehst, sind eine Million Engel zur Stelle, um dich zu umschwärmen und dir die Ehre zu erweisen. Jeder Thron ist nur ein Schemel im Vergleich zu deinem. Jede Krone ist ein Karnevalshut im Vergleich zu deiner. Du hast keine Fragen, du bist nie unsicher und schaust nicht zurück. Du brauchst keine Uhr und keinen Kalender. Niemand steht über dir. Du bist gut!

Hat sich Ihre Welt verändert, weil Sie gebetet haben? In gewisser Hinsicht nicht. Es wüten immer noch Kriege, es gibt immer noch Verkehrsstaus, die Erde ist immer noch mit bösen Menschen bevölkert. Aber *Sie* sind anders geworden. Sie haben Frieden. Sie haben Zeit mit dem Piloten verbracht. Und der Pilot ist seiner Aufgabe gewachsen.

Mein Freund Joe hat uns gut durch den Sturm gebracht. Er landete das Flugzeug sicher und stand in der Tür des Cockpits, als wir die Maschine verließen.

„War ganz schön stürmisch da oben, Joe", meinte ich.

„Ja", nickte er. „Hattest du Angst?"

„Nicht wirklich", antwortete ich. „Wenn man den Piloten kennt, ist alles halb so schlimm."

Kapitel 4

Ich brauche Hilfe

Wollen Sie sehen, wie ein Vater vor Schreck kreidebleich wird? Wollen Sie hören, wie eine Mutter nach Luft schnappt? Dann stellen Sie sich in ihre Nähe, wenn sie auf der Verpackung eines gerade erstandenen Spielzeugs diese Worte lesen: „Zum Zusammenbauen."

Was die Eltern wollten, war ein Geschenk für ihr Kind. Was sie bekamen, war eine Aufgabe – in manchen Fällen eine Lebensaufgabe. Sie jammern, sie stöhnen und fragen sich, ob es das wert ist. Sie suchen die Minimalausstattung an Werkzeug zusammen, die erforderlich ist – einen Schraubenzieher, einen Hammer und ein Schweißgerät. Was folgt, sind ein paar Spätschichten, in denen sie sich damit herumplagen, A in B zu drücken, D mit F zu verbolzen und R über Z zu schieben. Und dabei hoffen sie, dass niemand merkt, dass sie die Schritte 4, 5 und 6 komplett ausgelassen haben.

Ich glaube, dass der Teufel auch beim Zusammenbau von Spielzeug seine Finger im Spiel hat. Die Hölle entsendet kleine Helfershelfer, die klammheimlich mit Stützwinkeln, Bolzen und Schrauben davonsausen. Irgendwo in der ewigen Verdammnis gibt es ein riesiges Lager voller gestohlener Spielzeugteile.

„Zum Zusammenbauen" – nicht die erfreulichste Information, aber eine ehrliche. Heiratsurkunden sollten in Großbuchstaben den Vermerk „Zum Zusammenbauen" enthalten. Arbeitsverträge sollten die fett gedruckte Zeile „Zum Zusammenbauen" enthalten. Babys sollten bei ihrer Geburt um ihr Handgelenk schmale Bändchen mit der Aufschrift „Zum Zusammenbauen" tragen.

Das Leben ist ein Geschenk, aber es ist noch nicht fertig zusammengebaut. Es kommt in Einzelteilen und manchmal zerfällt es in Einzelteile. Teil A passt nicht immer zu Teil B. Sie zusammenzusetzen, übersteigt unsere Kräfte. Und es ist unvermeidlich, dass hin und wieder etwas zu fehlen scheint. Die Teile unseres Lebens passen nicht zusammen. Wenn das der Fall ist, sollten Sie sich mit Ihrem Problem an Jesus wenden.

Maria, seine Mutter, hat genau das getan. „Drei Tage später fand in dem Dörfchen Kana in Galiläa eine Hochzeit statt. Die Mutter von Jesus war dort und auch Jesus war mit seinen Jüngern unter den Gästen" (Johannes 2,1–2; WD).

Eine ganz normale Hochzeit. Die Braut ist keine Königstochter, der Bräutigam kein Prinz. Wenn da nicht ein ganz bestimmtes Detail gewesen wäre, wäre das Ereignis längst in Vergessenheit geraten: die Gästeliste. Sie sah in etwa so aus:

Benjamin aus Kapernaum
Simon, der Handwerker
Saul, Rabbi aus Kana

und weiter unten dann:

Jesus von Nazareth

Die Familie hat Jesus zur Hochzeit eingeladen. Da er überall hingeht, wohin er eingeladen wird, machen Jesus und seine Jünger ihren ersten Ausflug nach Kana. Während sie dort sind, geht der Hochzeitsgesellschaft der Wein aus (Vers 3). Irgendjemand hat entweder die Anzahl der Gäste, ihren Durst, die Größe der Weinfässer oder die Anzahl der Freunde, die Jesus mitbringen würde, falsch eingeschätzt. Mit dem Ergebnis, dass dem Brautpaar der Wein ausgeht. In Ihrem Fall bedeutet das vielleicht, dass Ihrer Abteilung das Geld ausgeht, Ihrem Team die Lösungen oder Ihnen selbst die Kraft. Das Leben ist wie ein Eimer mit vielen Löchern.

In diesem Moment betritt Maria, die Mutter von Jesus, die Bühne. Meiner Ansicht nach kommt sie in der Bibel zu selten vor. Immerhin kannte doch wohl niemand Jesus besser als sie? Sie trug ihn neun Monate lang unter ihrem Herzen. Sie stillte ihn noch länger. Sie hörte seine ersten Worte und war dabei, als er seine ersten Schritte machte. Sie hatte die oberste Erziehungsgewalt über ihn. Darum werden wir bei den seltenen Gelegenheiten, wenn sie tatsächlich einmal etwas sagt, sofort hellhörig. „Da ging die Mutter von Jesus zu ihrem Sohn und sagte: ‚Hast du gemerkt, dass sie keinen Wein mehr haben?'" (Johannes 2,3; WD).

Maria ist nicht herrisch. Sie sagt nicht: „Jesus, die haben keinen Wein mehr, also mach bitte Folgendes: Geh runter zum Weinberg an der Ecke, lass ein paar Bordeaux-Trauben reif werden und verwandle sie in Wein." Sie versucht nicht, das Problem selbst zu lösen.

Sie übt auch keine Kritik. „Die hätten besser planen sollen, Jesus. Die Leute denken einfach nicht mit. Was soll nur aus unserer Gesellschaft werden? Es geht total bergab mit der Welt. Hilf, Jesus, hilf!" Sie macht den Gastgebern keine Vorwürfe.

Sie macht Jesus keine Vorwürfe. „Was für ein Messias bist du denn? Wenn du wirklich göttliche Autorität hättest, wäre das nie passiert!"

Und sie macht sich selbst keine Vorwürfe. „Es ist alles meine Schuld, Jesus. Bestrafe mich. Ich habe als Freundin versagt. Jetzt ist die Hochzeitsfeier ruiniert. Diese Ehe wird den Bach runtergehen. Und alles nur meinetwegen."

Nichts von alledem. Der Wein bringt Maria nicht zum Weinen. Sie nennt das Problem nur beim Namen.

Und was passiert daraufhin? „Jesus erwiderte: ‚Bitte lass das meine Sorge sein. Ich weiß, wann ich was zu machen habe. Dräng mich also nicht zu irgendetwas!' Das hinderte sie jedoch nicht daran, zu den Dienern zu gehen und diesen zu sagen: ‚Was immer er euch aufträgt, tut es'" (Johannes 2,4–5; WD).

Jesus hat ursprünglich vermutlich nicht vor, die Hochzeitsfeier mit einem Wunder zu retten. Das Fest war sicher nicht der Ort und die Sache mit dem Wein nicht der Weg, die er sich ausgesucht hat, um seine Macht zu offenbaren. Aber dann betritt Maria den Schauplatz des Geschehens – Maria, jemand, den er liebt – und sie hat ein echtes Problem.

In meiner Fantasie stelle ich mir vor, wie Maria sich umdreht und weggeht. Ihr Gesichtsausdruck ist fröhlich. Ihr Blick ruhig. Sie ist unbesorgt. Sie hat getan, was in ihrer Macht stand. Sie hat das Problem erkannt, hat es zu Jesus gebracht und es bei ihm gelassen. Sie vertraut ihm voll und ganz. Sie erklärt den Dienern: „Was immer er sagt, mir ist es recht."

Ich stelle mir immer vor, dass Jesus lächelt. Ich höre ihn kichern. Er blickt einen Moment zum Himmel und dann auf die sechs Wasserkrüge, die ordentlich aufgereiht hinten in der Ecke stehen.

Jesus forderte die Diener auf: „Füllt diese Krüge mit Wasser!" Sie füllten die Gefäße bis zum Rand. Dann ordnete er an: „Nun bringt dem Mann, der für das Festmahl verantwortlich ist, eine Kostprobe davon!" (Johannes 2,7–8; Hfa).

Der Mann, der für das Festmahl verantwortlich ist, probiert den Wein, leckt sich die Lippen und sagt: „Das Zeug ist gut!" Dann hebt er sein Glas, um dem Bräutigam zuzuprosten, und lobt ihn dafür, dass er den besten Wein bis zum Schluss aufgehoben hat.

Während dem Mann, der für das Festmahl verantwortlich ist, die Qualität des Weines auffällt, lenkt Johannes unsere Aufmerksamkeit auf die Menge. Sechs große Wasserkrüge, die jeweils 80 bis 120 Liter fassen. Die Diener füllen sie bis zum Rand (Vers 7). Und auf den Befehl Jesu hin verwandelt sich das H_2O in exquisiten Merlot. Wenn man die Menge mal schnell im Kopf zusammenrechnet, kommt man im besten Fall auf 1028 Flaschen![3] Das Brautpaar hätte damit einen Weinhandel in Napa Valley eröffnen können.

> Wie viele Katastrophen könnten vermieden werden, wenn wir als Erstes zu Jesus gehen und ihm unsere Sorgen anvertrauen würden?

Problem vorgetragen. Gebet erhört. Krise abgewendet. Und all das, weil Maria das Problem zu Jesus gebracht hat.

Es gibt eine andere Version dieser Geschichte. Darin hat Maria Jesus nie einbezogen. Sie knöpfte sich den Mann vor, der für das Festmahl verantwortlich war. Er nahm Anstoß an ihren Vorwürfen. Wutschnaubend verließ Maria die Party. Der Bräutigam bekam den Streit mit und verlor die Beherrschung.

Die Braut schrie ihn daraufhin an, dass er die Hochzeit vergessen könne. Wenn er nicht in der Lage sei, seinen Zorn zu zügeln, sei er mit Sicherheit auch nicht in der Lage, einem Haushalt vorzustehen. Am Ende des Tages gingen die Gäste traurig weg, die Ehe war vorbei, bevor sie überhaupt begonnen hatte, und Jesus schüttelte den Kopf und sagte: „Ich hätte helfen können, wenn man mich nur darum gebeten hätte."

Diese Version der Geschichte steht nicht in der Bibel, aber so oder ähnlich ereignet sie sich in unserem Leben immer wieder. Wir können uns nur fragen: Wie viele Katastrophen könnten vermieden werden, wenn wir als Erstes zu Jesus gehen und ihm unsere Sorgen anvertrauen würden?

Der Kernpunkt ist klar: *Bringen Sie Ihre Probleme zu Jesus.* Ertränken Sie sie nicht im Alkohol. „Jim Beam" kann Ihre Probleme nicht lösen. Lassen Sie Ihre Probleme nicht an anderen aus. Wutausbrüche sind niemals hilfreich. Sobald Sie ein Problem erkennen, wie groß oder klein es auch sein mag, sollten Sie es zu Jesus bringen.

„Aber, Max, wenn ich jedes Mal, wenn ich ein Problem habe, damit zu Jesus komme, würde ich ja den ganzen Tag lang mit ihm reden!" (Merken Sie was?)

Macht euch um nichts Sorgen, sondern vertraut eure Bitten, Sorgen und Nöte eurem himmlischen Vater an. Nur vergesst eines nicht: Seid für alles dankbar, und der Friede Gottes, der unsere Vorstellungskraft übersteigt, wird eure Herzen und eure Gedanken in Jesus Christus bewahren (Philipper 4,6–7; WD).

Ein Problem, für das nicht gebetet wird, ist wie ein Dorn, der unter unserer Haut sitzt. Die Wunde eitert und entzündet sich – zuerst infiziert sie den Finger, dann die Hand, schließlich den ganzen Arm. Das Beste ist, wir gehen gleich zu dem, der die Pinzette hat.

Darf ich Ihnen von einer Situation erzählen, in der ich das gemacht habe? Zwei unserer drei Töchter kamen in Brasilien zur Welt. Kurz nachdem wir Jenna aus der Klinik nach Hause geholt hatten, erhielten wir eine Überraschung. Eine saftige Krankenhausrechnung. Und unsere amerikanische Krankenversicherung wollte die Behandlungskosten nicht übernehmen. Ich verstehe bis heute nicht, warum nicht. Sosehr ich auch bettelte, erklärte und protestierte – die Versicherungsgesellschaft sagte: „Wir zahlen nicht." Das Krankenhaus hingegen machte deutlich: „Sie müssen zahlen."

Die Rechnung belief sich auf 2500 Dollar. Ich prüfte unseren Kontostand. Wir verfügten über einen Gesamtbetrag von 2500 Dollar. Die gute Nachricht: Wir bezahlten die Rechnung. Die schlechte Nachricht: Danach waren wir pleite.

Während dieser Zeit meines Lebens lernte ich viel über Vertrauen. Manche Bibelverse wurden für mich zu Schlüsselverheißungen, unter anderem: „Macht euch um nichts Sorgen! Wendet euch vielmehr in jeder Lage mit Bitten und

Flehen und voll Dankbarkeit an Gott und bringt eure Anliegen vor ihn" (Philipper 4,6; NGÜ).

Ich war ein Neuling auf dem Gebiet „sorglos leben", aber ich war fest entschlossen, es zu versuchen. Ich reagierte auf jeden sorgenvollen Gedanken – und davon gab es viele – mit Gebet. *Herr, mit deiner Hilfe werde ich mir keine Sorgen machen. Aber ich lebe in einem fremden Land mit einem neugeborenen Baby und einem leeren Bankkonto. Nur so als kleiner Hinweis.*

> Gott hält sein Wort. Wir müssen uns nur mit unserer Bitte an ihn wenden.

Und Gott reagierte auf meinen Hinweis. Eine Gemeinde lud mich ein, als Vortragsredner auf einer geistlichen Rüstzeit zu sprechen. Es war das einzige Mal während unserer fünf Jahre in Rio de Janeiro, dass sich eine solche Gelegenheit ergab. Als ich die Gemeinde verließ und mich wieder auf den Weg zum Flughafen machte, drückte mir jemand einen Briefumschlag in die Hand. Er wollte meine Arbeit unterstützen. Solche Geschenke waren nichts Ungewöhnliches. Die Leute gaben uns oft 50 oder 75 Dollar. Ich bedankte mich und steckte den Umschlag in meine Hosentasche.

Als das Flugzeug abhob, machte ich ihn dann auf. Er enthielt einen Scheck über 2500 Dollar! Genau die Summe, die wir brauchten, um das zu ersetzen, was wir verloren hatten. Dieses Ereignis war ein geistlicher Meilenstein für mich. Gott hält sein Wort. Ich muss mich nur mit meiner Bitte an ihn wenden.

Wie könnte das in Ihrem Fall aussehen? Stellen Sie sich mal Folgendes vor: Beim Frühstück ist in Ihrer Familie das Chaos ausgebrochen. Die Töchter beschweren sich über ihren Bruder, der das Badezimmer zu lange blockiert. Das hat zur Folge, dass sie sich nicht die Haare bürsten und sich nicht schminken können. Mama tut ihr Bestes, um den Konflikt zu entschärfen, aber sie ist mit Kopfschmerzen und einer langen To-do-Liste aufgewacht. Die Uhr tickt wie eine Zeitbombe, und der Augenblick, dass es *Bumm!* macht und alle aufbrechen müssen, rückt unerbittlich näher. Papa bleibt an der Küchentür stehen und beobachtet das Tohuwabohu. Er prüft seine Optionen:

- alle anschnauzen, dass sie sich gefälligst zusammenreißen sollen,
- mit seinem Sohn schimpfen, weil er das Badezimmer blockiert, mit seinen Töchtern, weil sie immer alles erst in letzter Minute erledigen, und mit seiner Frau, weil sie die Kinder nicht zur Ordnung ruft,
- abhauen, bevor jemand merkt, dass er überhaupt da ist.

Er könnte aber auch das Hosentaschengebet beten. *Vater, du bist gut. Ich brauche Hilfe. Bitte bring ein bisschen Ruhe in dieses Chaos.* Wird durch das Gebet auf geheimnisvolle Weise alles anders werden? Vielleicht ja. Oder vielleicht ist noch ein Gebet vonnöten oder zwei oder zehn. Aber zum Schluss wird das Problem in den Händen desjenigen sein, der es lösen kann. „Ladet alle eure Sorgen bei Gott ab, denn er sorgt für euch" (1. Petrus 5,7; Hfa).

Vor einigen Jahren bat die Frau von Pastor Dale Galloway ihren Mann um die Scheidung. Er war am Boden zerstört. Er erzählte später, die Tage danach seien „schlimmer als der Tod" gewesen. In dieser dunklen Zeit sprach er ein Gebet: *Ich brauche Hilfe.*

Ich übte mich darin, nach dem Prinzip „Lass los und lass Gott machen!" zu leben. Ich formte meine Hände zu einer Art Schale, hielt sie vor mich hin und legte buchstäblich alles hinein, was mich bedrückte und worauf ich keine Antwort hatte. Während ich beide Hände hochhielt, sagte ich laut: „Da hast du es, Gott. Ich kann es nicht ändern, ich weiß nicht, was ich damit machen soll, ich werde einfach nicht damit fertig ... Ich habe dagegen angekämpft. Ich weiß einfach nicht, was ich tun soll. Da hast du es, Herr, ich gebe dir das alles." Als ich die Arme wieder sinken ließ, durchflutete mich plötzlich ein wunderbares Gefühl der Heiterkeit. Mitten im Sturm empfand ich tiefen Frieden.[4]

Die meisten von uns schaffen es, ihre Probleme zu Jesus zu bringen, aber sie dann auch dort zu lassen? Ein für alle Mal? Voller Vertrauen? Auch hier dürfen wir uns ein Beispiel an Maria nehmen. „Was immer er euch sagt, das tut." Widerstehen Sie dem Drang, Ihr Problem zurückzuverlangen, nachdem Sie es abgegeben haben.

Helen Roseveare war zwanzig Jahre lang als Missionsärztin in einer Klinik und einem Waisenhaus im Kongo tätig. Als sie etwa vier Jahre dort war, starb eine Mutter während der Geburt und hinterließ ein Frühchen und eine zweijährige Tochter. Das Krankenhaus hatte weder Brutkasten noch Strom. Dr. Roseveares vordringlichste Aufgabe bestand darin, das Neugeborene warm zu halten. Sie sandte eine Hebamme los, um eine Wärmflasche zu holen. Die Schwester kam mit schlechten Nachrichten zurück: Während sie sie gefüllt hatte, war die Flasche kaputtgegangen. Und was noch schlimmer war: Es war die letzte Wärmflasche gewesen. Dr. Roseveare wies die Hebamme an, das Neugeborene neben sich ins Bett zu legen und es mit ihrem Körper zu wärmen. Am nächsten Tag würden sie dann versuchen, eine Lösung zu finden.

> Widerstehen Sie dem Drang, Ihr Problem zurückzuverlangen, nachdem Sie es abgegeben haben.

Aber das war gar nicht so einfach. Die Klinik lag mitten im Dschungel. Hilfe war kilometerweit entfernt. Das Leben des Neugeborenen war in Gefahr. Am Nachmittag darauf berichtete die Ärztin den Kindern von dem Problem. Sie erzählte ihnen von dem schwachen kleinen Kind und seiner traurigen Schwester. Und sie beteten miteinander.

Ein zehnjähriges Mädchen namens Ruth beschloss, das Problem zu dem Einzigen zu bringen, der es wirklich würde lösen können. „Bitte, Gott, schick uns eine Wärmflasche. Morgen ist es zu spät, Gott, denn bis dahin ist das Baby tot.

Schick sie also bitte heute Nachmittag. Und wenn du schon dabei bist: Schickst du dem kleinen Mädchen bitte auch ein Püppchen, damit sie weiß, dass du sie wirklich lieb hast?"

Die Ärztin war sprachlos. Dieses Gebet konnte nur durch ein Paket aus der Heimat beantwortet werden. Doch während ihrer fast vier Jahre in der Klinik hatte sie kein einziges Paket erhalten. Und selbst wenn eines kommen sollte – wer würde schon eine Wärmflasche an den Äquator schicken?

Jemand tat es. Ein paar Stunden später wurde ein zehn Kilo schweres Paket bei Helen abgeliefert. Als sie die Kinder zusammenrief, spürte sie, wie ihr die Tränen in die Augen stiegen. War das möglich? Sie löste die Schnur und riss das Papier ab. In dem Karton befanden sich Verbände, Pullis, Rosinen und eine nagelneue Wärmflasche. Und ganz am Boden lag eine Puppe für das kleine Mädchen. Das Paket war fünf Monate zuvor abgeschickt worden. Gott hatte das Gebet schon gehört, bevor es überhaupt ausgesprochen worden war![5]

Puzzleteile passen nicht zusammen. Wein geht aus. Wärmflaschen gehen kaputt. So ist das halt im Leben. Aber Jesus hat die Antwort darauf. Er lädt uns ein: „Bringt eure Probleme zu mir." Nennen Sie sie beim Namen. Tragen Sie sie ihm vor und vertrauen Sie ihm. Die Chancen stehen gut, dass Sie schon ziemlich bald Ihr Glas erheben und einen Toast ausbringen können.

Kapitel 5

Heile mich

Die Tochter eines Mannes, der im Sterben lag, schrieb in ihr Tagebuch: „Papa hat sich das Schlüsselbein gebrochen und geht nicht mehr zur Arbeit ... Papa kann seine Schuhe nicht mehr binden ... Papa kann seinen Namen nicht mehr schreiben ..."

Die Krankheit ALS (Amyotrophe Lateralsklerose) zerstörte das motorische Nervensystem ihres Vaters. Sie dokumentierte das Fortschreiten der Krankheit: „Papa fällt auf dem Parkplatz hin und muss warten, bis jemand kommt und ihm aufhilft ... Papa kann keine Cornflakes mehr zum Frühstück essen ... Papa kann uns nicht mehr in den Arm nehmen ... Papa hat Schwierigkeiten, pürierte Erbsen zu essen ... Papa kann seinen Kopf nicht mehr aufrecht halten."

Nachdem sein Verfall sieben Jahre fortgeschritten war, schrieb sie schließlich: „Liege neben Papa, während er in seinem Sessel sitzt und um Atem ringt. Bete um Frieden. Putze seine Nase. Streichle seine Schultern … Sehe zu, wie Papa zum Himmel aufblickt und seinen letzten ruhigen Atemzug tut … Der Herr ist mein Hirte."

Bei der Beerdigung wurden Handzettel verteilt, auf denen zwei Bibelstellen standen. Auf der einen Seite stand: „Der Herr ist mein Hirte, mir wird nichts mangeln", und auf der Rückseite hieß es: „Mein Gott, mein Gott, warum hast du mich verlassen?"[6] Der erste Vers stammt aus Psalm 23, der zweite aus Psalm 22. In meiner Bibel stehen beide Verse auf derselben Seite.

Wenn wir krank sind, beten wir oft beide Gebete. Unser Körper schmerzt und unsere Gefühle schwanken. Sosehr wir uns auch bemühen, uns gesund zu ernähren, mehr zu schlafen und uns ausreichend zu bewegen – die Hunde der Krankheit und des Verfalls schnappen nach unseren Waden. Manchmal reißen sie ein Stück Fleisch heraus. Krebs, Herzversagen, Depression, Demenz. Nichts bringt uns so sehr dazu, unsere Knie zu beugen und Gott um Hilfe zu bitten, wie eine gesundheitliche Krise. Wir sind darauf angewiesen, dass unser guter Hirte uns durch das Tal der Krankheit führt.

„Aber wird er es auch wirklich tun?", zweifeln wir im Stillen. „Wird er es tun?", fragen wir laut. „Mein Gott! Mein Gott … warum?!" Wir sehen gute, gläubige Menschen, die an den Rollstuhl gefesselt sind oder von Krankheiten geplagt werden. Wir sehen tatkräftige, energiegeladene Personen, die in ihren besten Jahren aus dem Leben gerissen werden. Wir sehen unangenehme Zeitgenossen, die über hundert Jahre alt werden. „Hast du mich verlassen?" Wie können wir erklären, wann und warum Gott heilt?

Vielleicht fangen wir in Jericho an:

Als Jesus und seine Jünger die Stadt Jericho verließen, zog eine große Menschenmenge mit ihnen. Zwei blinde Männer saßen an der Straße. Als sie hörten, dass Jesus vorüberkam, riefen sie: „Herr, du Sohn Davids, hab Erbarmen mit uns!" Die Leute fuhren sie an: „Haltet den Mund!" Aber die Blinden schrien nur noch lauter: „Herr, du Sohn Davids, hab Erbarmen mit uns!" Da blieb Jesus stehen, rief sie zu sich und fragte: „Was soll ich für euch tun?" – „Herr", flehten ihn die Blinden an, „wir möchten sehen können!" Jesus hatte Mitleid mit ihnen und berührte ihre Augen. Im selben Augenblick konnten sie sehen, und sie gingen mit ihm (Matthäus 20,29–34; Hfa).

Die Popularität von Jesus hatte ihren Höhepunkt erreicht. Nachdem er drei Jahre lang Menschen gespeist, geheilt und gelehrt hatte, hatte er den Status eines Rockstars erreicht. Die Leute liebten ihn. Er bot der Obrigkeit die Stirn. Er gab Leichen Befehle und sagte den Leuten, wo es langging. Er war ein einfacher Handwerker mit einem großen Herzen, ein Vorstadtheld. Er war Martin Luther King, Mutter Teresa und Abraham Lincoln in einer Person.

Die Menge geleitete ihn nach Jerusalem, um dort das Passahfest zu feiern. Die Menschen schwatzten, lachten und sangen fröhliche Lieder. Und dann hörten sie plötzlich am Straßenrand dieses Geschrei: „Herr, du Sohn Davids, hab Erbarmen mit uns!" Die Leute drehten sich um und sahen die beiden Blinden an. Leerer Blick, zerlumpte Kleidung, wettergegerbte Gesichter. Erbärmliche Gestalten. Die Leute schnauzten sie an, dass sie den Mund halten sollten. Das war ein Siegesmarsch, ein Tag des Triumphes. Jesus hatte eine wichtige Mission. Die Menge hätte die Blinden am Straßenrand sitzen lassen.

Kommt Ihnen das bekannt vor? Wenn es uns schlecht geht, landen wir schnell am Spielfeldrand, während alle anderen auf dem Platz stehen. Sie könnten dazugehören, wenn nur dieser Tumor aufhören würde zu wachsen oder wenn dieser Ausschlag sich nicht weiter ausbreiten würde. Die anderen scheinen glücklich zu sein. *Sie* haben Stimmungsschwankungen, gegen die die wildeste Achterbahnfahrt ein gemächlicher Spaziergang ist. Und Sie fragen sich: *Wie soll ich bloß mit dieser Krankheit leben?*

Ebenso wie Maria brachten die beiden Blinden ihr Anliegen zu Jesus: „Aber [sie] schrien nur noch lauter: ‚Herr, du Sohn Davids, hab Erbarmen mit uns!'" Sie fragten nicht nach Petrus oder Johannes. Sie wandten sich nicht an die Jünger oder an die Leute, die Jesus hinterherliefen. Sie gingen direkt zum Chef. Sie schrien zu Jesus. Hartnäckig, direkt, leidenschaftlich. *Ich brauche Hilfe. Heile mich.*

Ich sage Ihnen, warum Sie dasselbe tun sollten. Gottes Ziel für Sie ist ganzheitliche Gesundheit. „Möge Gott euch mit seinem Frieden erfüllen und euch helfen, ohne jede Einschränkung ihm zu gehören. Er bewahre euch, damit ihr fehlerlos seid an *Geist, Seele und Leib*, wenn unser Herr Jesus Christus kommt" (1. Thessalonicher 5,23; Hfa; Hervorhebung des Autors).

> Gottes Ziel für Sie ist ganzheitliche Gesundheit.

Gott strebt eine völlige Wiederherstellung des Gartens Eden an. Alles, was er in diesem Garten sah, war gut. Diese Feststellung schloss auch Adam und Eva ein. Sie waren nicht krank, gelähmt, depressiv oder anderweitig angeschlagen. Sie waren geistig und körperlich gesund. Kein Emphysem, keine Lähmungserscheinungen, keine Paranoia. Aber in dem Moment, als sie gegen Gott rebellierten, geriet alles aus den Fugen.

Das Ereignis heißt nicht umsonst Sünden*fall*. Adam und Eva fielen aus der Gemeinschaft mit Gott und aus der Gemeinschaft miteinander heraus. Die Natur stürzte ins Chaos und der menschliche Körper geriet aus dem Gleichgewicht. Der Sündenfall war genau das: ein Herausfallen aus der Vollständigkeit. Die Sünde machte die Tür auf und die Krankheit kam herein. „Durch einen einzigen Menschen ist die Sünde in die Welt gekommen und als Folge davon der Tod. Weil nun alle Menschen gesündigt haben, sind sie alle dem Tod ausgeliefert" (Römer 5,12; Hfa).

Sünde und Krankheit sind Eindringlinge, Folgeerscheinungen ein und derselben Rebellion. Aber sie werden durch ein und denselben Erlöser überwunden. Als Jesaja das Kommen Jesu voraussagte, beschrieb er ihn als denjenigen, der uns unsere Sünden und unsere Krankheit abnehmen würde:

Doch er wurde blutig geschlagen, weil wir Gott die Treue gebrochen hatten; wegen unserer Sünden wurde er durchbohrt (Jesaja 53,5; Hfa).

Dabei war es unsere Krankheit, die er auf sich nahm; er erlitt die Schmerzen, die wir hätten ertragen müssen (Jesaja 53,4; Hfa).

> Sünde und Krankheit sind Eindringlinge, Folgeerscheinungen ein und derselben Rebellion. Aber sie werden durch ein und denselben Erlöser überwunden.

Jesus behandelte unsere Krankheit auf dieselbe Art und Weise, wie er unsere Sünde behandelte: Er nahm sie auf sich. Er trug sie selbst ans Kreuz. Als Matthäus die vielen Heilungen in Galiläa sah, erinnerte er sich an die Prophetie Jesajas: „Dies geschah, damit sich die Vorhersage des Propheten Jesaja erfüllte: ‚Er nahm unsere Leiden auf sich und heilte unsere Krankheiten'" (Matthäus 8,17; Hfa).

Ist Jesus für Ihre Sünden gestorben? Ja. Ist Jesus für Ihre Krankheiten gestorben? Ja! Es ist inkonsequent zu sagen, dass Jesus unsere Seele, aber nicht unseren Körper wiederhergestellt hat. Als Jesus unsere Sünden ans Kreuz trug, trug er auch unseren Krebs, unsere Missbildungen und unsere Depressionen dorthin.

Warum werden wir dann immer noch krank? Aus demselben Grund, aus dem wir immer noch Gottes Gebote übertreten: Wir leben in einer gefallenen Welt, und das Reich Gottes ist zwar bereits angebrochen, aber noch nicht vollendet. Krankheit und Sünde suchen unseren Planeten immer noch heim. Aber ich sage Ihnen, worin der Unterschied besteht: Weder Sünde noch Krankheit können das Volk Gottes beherrschen. Die Sünde kann uns nicht verdammen. Die Krankheit kann uns nicht zerstören. Jesus hat unsere Schuld gesühnt und der Tod hat seinen Stachel verloren. Und genau diese Schuld und Krankheit, die Satan zu unserem Schaden gebrauchen will, benutzt Gott zu unserem Besten. Sünde wird zum Demonstrationsobjekt seiner Gnade, Krankheit zum Demonstrationsobjekt seiner Fähigkeit zu heilen.

Wir sind nicht die hilflosen Opfer bösartiger Moleküle oder mutierter Zellen. Wir sind nicht den Schreckgespenstern unbeherrschbarer Seuchen oder Gefühle ausgeliefert. Jede Faser, jedes Molekül, jede Gehirnwelle gehorcht Gottes Befehl. Er hat alles unter Kontrolle!

Also: Wenn Sie krank sind, wenden Sie sich an Jesus!

Sprechen Sie mit ihm über Ihren Magen, über Ihre Haut, über Ihre Muttermale. Schließlich hat er Sie ja erschaffen. „Euer Leib ist der Tempel des Heiligen Geistes. Ihn habt ihr von Gott erhalten, darum gehört er nicht mehr euch selbst. Ihr seid zu einem zu hohen Preis errettet worden!" (1. Korinther 6,20; WD).

Verfahren Sie ebenso mit Ihren Gefühlen. Hat jemand Sie angegriffen? Hat Ihr Ehepartner Sie enttäuscht? Haben Sie ein Kind abgetrieben oder im Stich gelassen? Falls das der Fall ist, brauchen Sie wahrscheinlich innere Heilung.

Er wird Sie heilen – sofort oder schrittweise oder irgendwann in der Zukunft.

Vielleicht heilt er Sie *sofort*. Ein Wort von ihm genügte, um Dämonen auszutreiben, Epilepsie zu heilen und Tote aufzuwecken. Er musste nur etwas sagen und die Heilung erfolgte. Vielleicht tut er dasselbe für Sie.

Oder vielleicht heilt er Sie *schrittweise*. Im Fall eines blinden Mannes aus Bethsaida erfolgte die Heilung in Etappen. Jesus nahm ihn bei der Hand und führte ihn zum Dorf hinaus. Dann strich er etwas Speichel auf seine Augen und fragte den Mann, ob er etwas sehen könne. Der Mann erwiderte, dass er Menschen sehe, die wie Bäume aussähen. Daraufhin legte Jesus ihm noch einmal die Hände auf die Augen. Jesus heilte den Mann – aber er tat es schrittweise (Markus 8,22–26).

Und vergessen Sie nicht die Geschichte von Lazarus. Nachdem Jesus von der Erkrankung seines Freundes erfahren hatte, wartete er zwei Tage, bevor er sich auf den Weg machte, um ihm zu helfen. Er nahm in Kauf, dass Lazarus starb. Als Jesus schließlich den Friedhof erreichte, hatte Lazarus schon vier Tage im Grab gelegen. Aber Jesus rief ihn heraus. Hat Jesus Lazarus geheilt? Ja, auf äußerst dramatische Weise, aber er tat es nicht sofort (Johannes 11,1–44).

> Wenn Jesus Sie sofort heilt, dann beten Sie ihn dafür an. Wenn Sie noch auf Ihre Heilung warten, dann vertrauen Sie ihm. Ihr Leid ist Ihre Predigt.

Unsere größte Hoffnung ist jedoch unsere endgültige Heilung. Im Himmel wird Gott uns neue, rundum gesunde Körper schenken. „Wenn Jesus sich der ganzen Menschheit offenbaren wird, werden wir so sein wie er" (1. Johannes 3,2; WD). Gott wird Ihr Grab in einen Mutterleib verwandeln, aus dem Sie mit einem vollkommenen Körper in eine vollkommene Welt hineingeboren werden. Doch bis es so weit ist, sollten Sie weiter beten. *Vater, du bist gut. Ich brauche Hilfe. Heile mich.*

Wenn Jesus Sie sofort heilt, dann beten Sie ihn dafür an.

Wenn Sie noch auf Ihre Heilung warten, dann vertrauen Sie ihm. Ihr Leid ist Ihre Predigt.

Mein Freund Jim hat seit vielen Jahren mit einer Muskelerkrankung zu kämpfen. Die Atrophie hat dazu geführt, dass er nur noch schleppend sprechen kann und unsicher läuft. Aber sie hat ihm weder seinen Glauben noch sein Lächeln nehmen können. Eines Sonntags hatten wir die Gemeindemitglieder gebeten, im hinteren Bereich des Parkplatzes zu parken und die näher gelegenen Stellplätze den Gästen zu überlassen. Als ich auf dem Parkplatz ankam, sah ich Jim. Er hatte in der hintersten Ecke geparkt und ging zu Fuß zum Gottesdienstraum. Ich war drauf und dran, ihm zu sagen: „Wir haben doch nicht *dich* damit gemeint, Jim. Wir wollten nicht, dass du so weit weg parken musst."

Jims Leben ist ein einziges Vorbild. Ich bete dafür, dass Gott seinen Körper heilt. Aber bis es so weit ist, gebraucht Gott Jim, um Leute wie mich zu inspirieren. Und Gott will dasselbe mit Ihnen machen. Er will Ihre Notlage, Ihre Sorgen gebrauchen, um andere zu verändern.

Oder vielleicht benutzt er Ihre Not, um *Sie* zu verändern. Seit zwei Jahren bitte ich Gott darum, mir den Schmerz in meiner Schreibhand zu nehmen. Auch jetzt, während ich diese Worte schreibe, spüre ich die Steifheit in meinen Fingern, dem Unterarm und der Schulter. Die Ärzte führen das darauf zurück, dass ich über dreißig Bücher mit der Hand geschrieben habe. Im Laufe der Jahrzehnte haben die immer gleichen Bewegungen meine Mobilität eingeschränkt und dazu geführt, dass mir die einfachste Aufgabe – einen Satz auf ein Blatt Papier zu schreiben – schwerfällt.

Also tue ich, was in meiner Macht steht. Ich dehne meine Finger. Eine Therapeutin massiert meine Muskeln. Ich gehe nicht mehr auf den Golfplatz. Ich mache sogar einen Yogakurs! Aber vor allen Dingen bete ich.

Oder besser gesagt, ich diskutiere. Sollte Gott meine Hand nicht heilen? Mein Stift ist schließlich mein Werkzeug,

Schreiben mein Auftrag. Bis jetzt hat er mich aber nicht geheilt.

Oder doch? In der letzten Zeit bete ich mehr, als dass ich schreibe. Keine ausgefeilten, beeindruckenden Gebete, aber ehrliche. *Herr, ich brauche Hilfe ... Vater, meine Hand ist steif.* Die Beschwerden machen mich demütig. Ich bin nicht Max, der Autor. Ich bin Max, der Typ, dessen Hand sich abnutzt. Ich will, dass Gott meine Hand heilt. Bisher hat er aber meine Hand benutzt, um mein Herz zu heilen.

Warten Sie darauf, dass Jesus Sie heilt? Lassen Sie sich von der Antwort ermutigen, die Jesus den Blinden gab:

„Herr, hab Erbarmen mit uns!", schrien sie.

„Da blieb Jesus stehen." Jesus hielt einfach inne. Während alle anderen weitergingen, rührte Jesus sich nicht vom Fleck. Etwas erregte seine Aufmerksamkeit. Etwas ließ ihn innehalten. Wir können sehen, wie er die Hand hob, um den Leuten zu bedeuten, stehen zu bleiben, und wie er den Finger auf die Lippen legte, um sie zum Schweigen zu bringen. „Psst." Was war da? Was hatte Jesus gehört?

Ein Gebet. Einen unverblümten Hilferuf, den der Wind des Glaubens ihm zutrug. Jesus hörte die Worte und blieb stehen.

Er tut es immer noch. Und er fragt immer noch: „Was soll ich für dich tun?"

„Herr", flehten ihn die beiden Blinden an, „wir möchten sehen können!"

Und Sie?

Herr, heile dieses Herzproblem.
Befreie mich von der Arthrose.
Mach, dass ich wieder hören kann.

Jesus war tief berührt von ihrer Bitte. „Jesus hatte Mitleid mit ihnen und berührte ihre Augen" (Matthäus 20,34; Hfa). Der griechische Ausdruck, der im Original steht, bedeutet: „Er war ihretwegen in seinem Innersten erregt."[7] Jesus betrat die Bühne, als alle anderen sich abgewendet hatten. Er heilte sie.

Er wird auch Sie heilen! Ich bete dafür, dass er Sie sofort heilt. Vielleicht beschließt er aber auch, Sie schrittweise zu heilen. Aber eines ist sicher: Es kommt der Tag, an dem Jesus uns alle endgültig heilen wird. Rollstühle, Salben, Pillen und Verbände werden am Himmelstor konfisziert. Gottes Kinder werden vollkommen gesund sein – so, wie es seinem ursprünglichen Plan entspricht.

Kapitel 6

Vergib mir

Tattoostudios sollten eigentlich ein Schild über dem Eingang aufhängen, auf dem steht: „Erst denken, dann stechen."

Vielleicht sollte im Hintergrund auch eine Tonbandstimme unablässig fragen: „Sind Sie sicher, dass Sie für den Rest Ihres Lebens den Namen Ihrer Liebsten auf Ihrem Handgelenk tragen wollen?"

Oder die Tätowierer sollten jemanden einstellen, dessen einzige Aufgabe darin besteht, den Kunden zu erinnern: „Der Tätowierer hat keine Löschtaste."

Berufssportler überraschen immer wieder durch außergewöhnliche Tattoos. Ein NBA-Star hat sich auf seine Wange den Buchstaben *P* eintätowieren lassen. Er ist ein Fan der *Pittsburgh Pirates*. Das einzige Problem: Das *P* ist seitenverkehrt. Vielleicht hat er sich ja vor den Spiegel gestellt und es selbst gestochen?

Ein anderer Spieler hat sich ein genaues Abbild der Lippen seiner Freundin auf den Hals tätowieren lassen. In dem Rot eines Feuerwehrautos. Ein Dauerkuss gewissermaßen. Wollen wir hoffen, dass die beiden ewig zusammenbleiben. Eine andere Frau würde sich wahrscheinlich schwer damit tun, sich an das Abbild der Lippen seiner Ex zu kuscheln.

Ein Footballspieler ließ sich *Gods* auf den einen und *Gift* auf den anderen Trizeps tätowieren.[8] Das lässt nicht nur auf ein gesundes Selbstbewusstsein schließen – er hat auch den Apostroph vergessen. Er hätte einen Korrekturleser gebrauchen können.[9]

Ein Hautarzt kann etwaige Fehler korrigieren. Für eine entsprechende Summe kann er mit einem Laser die Farbe aus Ihrer Haut entfernen. Schmerzhaft und teuer, aber effektiv, wenn Sie die unerwünschten Spuren Ihrer Vergangenheit loswerden wollen.

Und wer wollte das nicht?

Vielleicht haben Sie keine Tattoos, aber Sie haben Schuldgefühle. Sie haben sich kein Souvenir aus Ihrem Kurzurlaub in der Karibik mitgebracht, aber Sie haben eine Menge Erinnerungen. Sie haben ihren Namen nicht auf Ihre Schulter oder seinen Namen auf Ihren Oberschenkel stechen lassen, aber Sie bereuen die Worte, die Sie gesagt, oder die Dinge, die Sie getan haben.

Schuld hinterlässt Tätowierungen in unserem Herzen.

Ich frage Sie: Wenn Ihre unbewältigten Schuldgefühle in

Form von Tattoos sichtbar würden, wie viele hätten Sie dann? Welche Bilder würden Sie im Spiegel sehen? Das Gesicht eines Menschen, den Sie verletzt haben? All das Geld, das Sie verschwendet haben? All die *Wenns* und *Hättes?* „Wenn ich doch eine bessere Mutter gewesen wäre!" – „Wenn ich doch besser aufgepasst hätte!"

Wenn wir im Keller unserer Seele graben, was finden wir da? Verschwendete Jahre. Fehlentscheidungen. Destruktive Zerstreuungen. Wut auf Eltern oder Expartner. Selbstsucht. Arroganz. Rassistische Bemerkungen. Wir haben bei Prüfungen betrogen und unsere Freunde verraten.

Die Konsequenzen können hässlich sein. Ungelöste Schuldfragen erzeugen einen Wust von ungesunden Gefühlen. Die meisten von ihnen lassen sich in zwei Kategorien einordnen: Abwehrhaltung oder Niedergeschlagenheit.

Defensive Zeitgenossen haben ihre Leichen im Keller. Reden aber mit niemandem darüber. Geben nichts zu. Ihnen geht's um Unschuld, nicht um Vergebung. Ihr Leben kreist um ein einziges Ziel: das Geheimnis nicht ans Licht kommen zu lassen. Eigene Fehler werden nicht angesprochen und nicht korrigiert. Defensive Menschen bauen Mauern um die Vergangenheit.

Niedergeschlagene Menschen hingegen definieren sich selbst durch ihre Vergangenheit. Sie haben keine Fehler gemacht – sie *sind* die Fehler in Person. Sie haben keinen Mist gebaut – sie *sind* der personifizierte Mist. Sie verbergen ihre

Vergangenheit nicht – sie stellen sie zur Schau. Sie quälen sich selbst mit Zweifeln und Scham.

Werden Sie von Schuldgefühlen geplagt? Falls es so ist, schauen Sie sich doch diese Verheißung an: „Wenn eure Sünde auch blutrot ist, soll sie doch schneeweiß werden, und wenn sie rot ist wie Scharlach, soll sie doch wie Wolle werden" (Jesaja 1,18; LÜ). Gott ist ein echter Fachmann, wenn es darum geht, Schuld zu beseitigen. Er kann tun, was sonst niemand kann: die Tattoos auf Ihrer Seele so vollständig entfernen, dass nicht die geringste Spur zurückbleibt.

Wenn Menschen ihr Vertrauen auf Jesus gesetzt haben, erhalten sie das größte aller Segensgeschenke: Vergebung für all ihre Sünden. Jesus schenkt Straferlass für jeden Akt der Rebellion. Diese Gnade ist ein Geschenk. Wir verdienen sie nicht. Wir können sie nicht verlieren. Aber wir können sie aus den Augen verlieren. Wenn wir nicht aufpassen, schleppen wir irgendwann wieder Schuld mit uns herum. Auch als Christen müssen wir hier aufpassen.

Sie müssen verstehen: Dass wir Schuld empfinden können, war Gottes Idee. Er benutzt unsere Schuldgefühle so, wie Autobahnbauer Rüttelstreifen benutzen. Wenn wir von der Spur abkommen, rütteln sie uns wach und bringen uns wieder auf die richtige Spur. Schuldgefühle tun dasselbe: „Bedenkt doch nur, was Gott alles durch eure Traurigkeit erreicht hat! Wie viel guten Willen zeigt ihr jetzt, wie bereitwillig habt ihr euch entschuldigt, und wie sehr bemüht ihr euch zu beweisen, dass ihr euch nicht mitschuldig machen wollt!" (2. Korinther 7,11; Hfa). Schuldgefühle lenken unsere Aufmerksamkeit auf die Diskrepanz zwischen dem, was wir sind, und dem, was Gott sich für uns wünscht. Sie führen zu Reue und Erneuerung. In angemessener Dosierung sind Schuldgefühle ein Segen. In unkontrollierten Dosen jedoch sind sie eine unerträgliche Last. Wir können sie nicht tragen.

Aber Gott schon. Ein Bild aus der Zeit des alten Bundes zeigt uns, wie er das tut.

Vor dreitausend Jahren bekamen die Hebräer einmal im Jahr die Gelegenheit, zuzusehen, wie ihre Schuld weggetragen wurde. Jedes Jahr versammelten sich am Versöhnungstag Tausende von Juden vor der Stiftshütte. Der Priester wählte zwei Ziegenböcke aus. Der erste wurde geopfert, der zweite wurde zum Heiligtum gebracht. Der Priester legte seine Hände auf den Kopf des Ziegenbocks und bekannte die Sünden des Volkes. „Wir sind Betrüger, Herr. Lügner. Wir sind neidisch auf den Erfolg unserer Freunde. Wir begehren die Frau unseres Nächsten. Wir ignorieren die Armen, beten Götzen an und tun lauter böse Dinge." Er arbeitete die ganze Liste ab, bis alles gestanden war.

> Schuldgefühle lenken unsere Aufmerksamkeit auf die Diskrepanz zwischen dem, was wir sind, und dem, was Gott sich für uns wünscht. Sie führen zu Reue und Erneuerung.

Er legt seine beiden Hände auf den Kopf des Bockes und spricht über ihm alle Verfehlungen aus, durch die sich die Leute von

Israel schuldig gemacht haben. So legt er alle Sünden des Volkes dem Bock auf den Kopf und lässt dann das Tier durch einen dazu bestellten Mann in die Wüste jagen (3. Mose 16,21–22; GN).

Das Volk sah zu, wie der bereitstehende Mann den Bock wegführte. Die beiden wurden kleiner und immer kleiner und verschwanden schließlich am Horizont. Die Leute warteten, bis der Mann allein zurückkehrte. Die Lektion war klar: Gott möchte nicht, dass die Menschen, die zu ihm gehören, unter ihrer Schuld leiden.

Sie können Ihre Thora darauf verwetten, dass damals irgendein zehnjähriger Junge seine Mutter am Kleid gezupft und gefragt hat: „Warum, Mama? Warum haben sie den Ziegenbock weggeschickt? Er hatte doch überhaupt nichts gemacht." Die Mutter, die vermutlich jede Gelegenheit genutzt hat, um ihrem Sohn den Glauben an den einen Gott näherzubringen, beugte sich zu ihm hinunter und erklärte: „Genau darum geht es, mein Kind. Gott gebraucht den Schuldlosen, um die Sünden der Schuldigen wegzutragen."

Oder, wie Jesaja ein paar hundert Jahre später schreiben sollte: „Der Herr aber lud alle unsere Schuld auf ihn" (Jesaja 53,6; Hfa).

Jesaja kannte den Namen dieses göttlichen Sündenbockes nicht. Aber wir schon. Jesus Christus. Er kam, „um ... durch seinen Opfertod die Sünden zu tilgen" (Hebräer 9,26; Hfa). Er ist „ein einziges Mal gestorben, um alle Menschen von ihren Sünden zu erlösen" (Hebräer 9,28; Hfa).

Wenn Sie Ihr Leben Jesus Christus anvertraut haben, ist Ihre Schuld weg. Sie wurde zuletzt auf dem Rücken Ihres Sündenbockes gesehen, als der sich auf den Weg nach Golgatha gemacht hat. Als Jesus am Kreuz ausrief: „Mein Gott, mein Gott, warum hast du mich verlassen?!" (Matthäus 27,46; WD), ging er Ihretwegen gewissermaßen in die Wüste. Er trug Ihre Sünde davon. Aber im Gegensatz zu dem Sündenbock des Alten Testaments kam Jesus wieder zurück – ohne jede Sünde. Seine Auferstehung bewirkt, dass die Sünde ihre Macht über uns verloren hat. Öffnen Sie sich für den Gedanken, dass Sie ein schuldloser Mensch sind. Das ist vielleicht nicht ganz leicht. Sie haben Ihre Vergangenheit so lange mit sich herumgeschleppt, dass Sie sich gar nicht vorstellen können, sie los zu sein. Aber Gott kann es. Er schreibt Ihre Lebensgeschichte neu. Nur weil Sie im ersten Akt ein Schurke waren, brauchen Sie im zweiten Akt nicht auch einer zu sein. Er macht alles neu. „Aber ich will euch zeigen, dass der Menschensohn die Macht hat, hier auf der Erde Sünden zu vergeben" (Markus 2,10; Hfa). Punkt. Ende der Diskussion. Er hat das letzte Wort in Ihrem Leben. Und dieses Wort heißt *Gnade*.

> Gott gebraucht den Schuldlosen, um die Sünden der Schuldigen wegzutragen.

Jesus hat seinen Teil getan. Jetzt sind Sie dran.

Geben Sie Gott Ihre Schuld. Beten Sie das Hosentaschengebet:

Vater, du bist gut. Ich brauche Hilfe. Vergib mir ... Sagen Sie Jesus, was Sie getan haben. Legen Sie Ihre Schuld auf den Rücken Ihres Sündenbockes. Geben Sie sie Jesus mit der Bitte: „Würdest du das bitte für mich wegtragen?" Tun Sie es, sooft es nötig ist. Einmal, zweimal, zehnmal am Tag? Unbedingt! Legen Sie alles auf den Tisch. Keine Sünde ist zu alt oder zu frisch, zu böse oder zu unbedeutend. Sprechen Sie alles aus, was Ihnen in den Sinn kommt, und dann:

Seien Sie konkret. Sprechen Sie so viele Einzelheiten an, wie Sie können. Sie sind wahrscheinlich versucht zu sagen: *Herr, vergib mir. Ich bin ein echter Dreckskerl.* Aber das funktioniert nicht. Denn erstens sind Sie kein *Dreckskerl* – Sie sind Gottes auserwähltes Kind und er liebt Sie. Und zweitens: Heilung tritt ein, wenn die Wunde dem Licht der Gnade ausgesetzt wird.

Wofür genau brauchen Sie Vergebung? Dafür, dass Sie ein schlechter Mensch sind? Das ist zu allgemein. Dafür, dass Sie bei der Geschäftsbesprechung die Geduld verloren und Ihren Kollegen einen Idioten genannt haben? Sehr gut, das können Sie bekennen. Sündenbekenntnis ist keine Strafe für Schuld. Sündenbekenntnis heißt, Schuld beim Namen zu nennen, damit sie kenntlich gemacht und ausgelöscht werden kann.

Halten Sie an diesem Gebet fest. Unsere Schuld ist Satans Lebenselixier, und er wird jemanden, der daran gebunden ist, nicht kampflos aufgeben. Üben Sie Ihre Autorität als Kind Gottes aus. Schicken Sie Ihre Schuld in die Wüste. Sprechen Sie zu ihr im Namen Jesu. „Ich habe dich am Fuß des Kreuzes abgelegt. Bleib gefälligst dort!"

Und vor allen Dingen: Hören Sie auf, sich selbst zu quälen. Jesus ist stark genug, Ihre Schuld zu tragen. Hat er nicht gesagt, dass er das tun würde?

So fern, wie der Osten vom Westen liegt, so weit wirft Gott unsere Schuld von uns fort!

Wie ein Vater seine Kinder liebt, so liebt der Herr alle, die ihn ehren. Denn er weiß, wie vergänglich wir sind; er vergisst nicht, dass wir nur Staub sind (Psalm 103,12–14; Hfa).

Wir leben in einer schuldbeladenen Welt. Aber es gibt eine Schar von Menschen, die die Gnade Gottes entdeckt haben. Sie verdrängen ihre Schuld nicht dadurch, dass sie sie wegtrinken oder wegarbeiten oder wegjagen. Sie geben sie weg. Und Gott will, dass Sie einer von ihnen sind.

Die Zeit für einen Neuanfang ist gekommen! Gott sieht die Spuren Ihrer Vergangenheit nicht länger. Er sieht stattdessen Folgendes: „Unauslöschlich habe ich deinen Namen auf meine Handflächen geschrieben" (Jesaja 49,16; Hfa). Gott hat Ihren Namen dorthin geschrieben, wo er ihn sehen kann. Und das ist letztlich das einzige Tattoo, das zählt.

Kapitel 7

Sie brauchen Hilfe

Sie sitzen, umgeben von den besorgten Angehörigen Ihres vierzehnjährigen Nachbarjungen, im Wartezimmer der Notaufnahme. Sobald Sie von dem Unfall gehört haben, sind Sie dorthin gefahren. Der Junge wurde bei einem Autounfall verletzt. Er wird gerade operiert. Ihre Freunde stehen unter Schock. Sie würden alles für Sie tun. Aber was können Sie tun?

Sie versuchen, sich nicht anmerken zu lassen, wie diese Nachricht Sie schockiert. Die sechzehnjährige Tochter Ihrer Freundin ist schwanger, völlig durch den Wind und zieht eine Abtreibung in Erwägung. Ihre Freundin macht sich Vorwürfe. „Hätte ich doch nur …" Was können Sie tun?

Die Bilder, die über den Fernsehschirm flackern, lassen Sie aufstöhnen. Wieder einmal wütet ein Tornado in einer Stadt.

Schulen werden beschädigt, Häuser zerstört, Menschenleben ausgelöscht. Was für eine Verwüstung. Aber was können Sie tun?

Was können Sie tun? Wenn das Problem größer ist als Sie selbst. Wenn der Schmerz mit den Händen zu greifen ist. Wenn Sie sich hilflos und unfähig fühlen. Wohin können Sie sich dann wenden? Ich schlage vor, dass Sie sich einmal eine der faszinierenden Lehrstunde anschauen, die Jesus seinen Zuhörern zum Thema „Gebet" gehalten hat.

„Stellt euch einmal vor, ihr würdet mitten in der Nacht zu einem Freund gehen und ihn bitten: ‚Du, entschuldige, kannst du mir drei Brote leihen? Ein alter Bekannter ist auf seiner Reise bei mir vorbeigekommen und ich habe kein einziges Brot mehr im Haus.'

Vermutlich wird euer Freund davon nicht gerade begeistert sein: ‚Mein Lieber, das geht jetzt nicht! Ich kann jetzt nicht einfach aufstehen und dir etwas geben, denn die Kinder schlafen bei mir, und das Öffnen der Tür würde sie alle wieder aufwecken.'

Wenn nun aber der nächtliche Ruhestörer nicht aufgibt und beharrlich weiterbittet, wird ihm sein Freund dann nicht irgendwann doch das Verlangte geben – weniger aus Freundschaft als vielmehr, weil er endlich wieder seine Ruhe haben will?

Und genau diesen Gedanken möchte ich auch euch mitgeben:

Bittet, und ihr werdet erhalten, sucht, und ihr werdet finden, klopft an, und die Türe wird sich öffnen. Denn jeder, der voller Vertrauen bittet, wird erhalten, um was er gebeten hat. Jeder, der ehrlich sucht, wird finden, und wer anklopft, dem wird geöffnet werden" (Lukas 11,5–10; WD).

Stellen Sie sich vor, Sie stehen um Mitternacht vor der Tür eines Freundes und klingeln. In der Nachbarschaft ist es ganz ruhig. Die Straßen sind verlassen. Der Himmel ist finster, ebenso wie das zweistöckige Haus Ihres Freundes. Aber Sie klingeln trotzdem, nicht ein Mal oder zwei Mal, sondern drei Mal. *Dingdong. Dingdong. Dingdong.* Es ist ein großes Haus, darum hat es eine laute Klingel. Der Chihuahua wacht auf. Er antwortet mit diesem giftigen „Was glaubst du denn, wer du bist?"-Kläffen. „Waff, waff, waff!"

Sie stellen sich vor, was im oberen Stockwerk passiert. Die Frau Ihres Freundes verpasst ihm unter der Bettdecke einen Tritt. „Steh schon auf, Hannes! Da ist jemand an der Tür." Der Ärmste. Gerade hat er noch tief und fest geschlafen. Jetzt wird er aus dem Bett gescheucht. Es klingelt, der Hund bellt. Er kann sich was Schöneres vorstellen.

Das Licht über dem Eingang geht an. Die Tür öffnet sich.

Du meine Güte, wie sieht der denn aus? Boxershorts. T-Shirt. Verwuschelte Haare. Das Gesicht vom Kopfkissen zerknittert und voller Bartstoppeln.

„Was in aller Welt tust du hier?", fragt er.

„Ein Freund von mir ist gerade zu Besuch gekommen und ich habe nichts mehr zu essen im Haus", antworten Sie.

Ihr Freund stöhnt und beschwert sich, aber Sie bleiben entschlossen. „Bitte, Hannes, hilf mir." Schließlich beruhigt sich Hannes, er bittet Sie herein und nimmt Sie mit in die Küche. Sie füllen einen Korb mit Lebensmitteln und tragen ihn nach Hause. Und Ihr Überraschungsgast braucht nicht zu hungern. Und das nur, weil Sie sich für jemand anderen eingesetzt haben.

> Jesus hat nie eine Fürbitte ignoriert! Niemals!

Das ist Fürbitte in Reinform, eine Kombination aus Mangel und Mut. *Vater, du bist gut. Sie brauchen Hilfe. Ich kann ihnen nicht helfen, aber du schon.*

„Ich kann sie nicht heilen, aber du, Gott, schon."

„Ich kann ihnen nicht vergeben, aber du, Gott, schon."

„Ich kann ihnen nicht helfen, aber du, Gott, schon."

Dieses Gebet erregt Gottes Aufmerksamkeit. Wenn schon Hannes, Ihr missmutiger, verdrossener Freund, Ihnen hilft, wie viel mehr wird Gott es tun? Er schläft nie. Er ist nie verärgert. Wenn Sie an seine Tür klopfen, antwortet er schnell und freundlich.

Jesus hat nie eine Fürbitte ignoriert! Niemals! Petrus erzählte ihm von seinen Sorgen wegen seiner kranken Schwiegermutter. Der Hauptmann kam, um für seinen kranken Diener zu bitten. Jaïrus hatte eine kranke Tochter. Eine Frau aus

Kanaan hatte eine Tochter, die von Dämonen besessen war. Von Sonnenaufgang bis Sonnenuntergang hörte Jesus eine Bitte nach der anderen. „Mein Onkel kann nicht laufen." – „Mein Sohn kann nicht sehen." – Meine Frau hat Schmerzen." Er hörte so viele Bitten, dass die Jünger manchmal versuchten, die Leute wegzuschicken (Matthäus 15,22–23). Aber Jesus ließ das nicht zu. „Und sie kamen in Scharen, brachten ihre Gelähmten, ihre Blinden, die Verkrüppelten, die Stummen – Menschen mit allen nur erdenklichen Nöten – und legten sie alle vor ihm nieder. Jesus heilte sie alle" (Matthäus 15,30; WD).

Alle diese Anliegen raubten ihm niemals die Geduld. Aber eines, das nicht vorgebracht werden sollte, schon.

Ein Vater brachte einmal seinen Sohn, der von Dämonen besessen war, zu den Jüngern. Sie versuchten, dem Jungen zu helfen, aber ohne Erfolg. Als Jesus von ihrem Scheitern erfuhr, rief er empört: „Warum vertraut ihr Gott so wenig? Warum hört ihr nicht auf ihn? Wie lange muss ich noch bei euch sein und euch ertragen? Bringt das Kind her zu mir!" (Matthäus 17,17; Hfa).

Was für ein Gefühlsausbruch! Jesus besitzt eine so übermenschliche Geduld, dass bei ihm jedes Anzeichen von Ungeduld befremdlich ist. Was hatten die Jünger falsch gemacht? Ganz einfach: Sie brachten den Jungen nicht zu Jesus. Weder persönlich noch im Gebet. Sie versuchten, den Jungen zu heilen, ohne von Jesus beauftragt zu sein. Er musste ihnen erst befehlen: „Bringt das Kind her zu mir."

Jesus hatte ein starkes Wort dafür: *Unglauben.* Als die Jünger später mit Jesus allein waren, fragten sie: „Weshalb konnten wir diesen Dämon nicht austreiben?" Jesus erwiderte: „Weil ihr nicht wirklich glaubt" (Matthäus 17,19–20; Hfa).

Unglaube: Der Versuch, anderen zu helfen, ohne von Jesus beauftragt zu sein.

Glaube: Um Mitternacht bei Gott anzuklopfen. Tun, was immer nötig ist, um Menschen zu Jesus zu bringen.

So wie Mose auf dem Berg Sinai. Als Gott das Goldene Kalb sah, war er drauf und dran, das Volk Israel auszulöschen. Sie hatten miterlebt, wie er den Ägyptern zehn Plagen gesandt hatte, und mit eigenen Augen gesehen, wie er für sie das Rote Meer geteilt hatte. Ihre Bäuche waren mit dem Manna gefüllt, das er vom Himmel regnen ließ, und den Wachteln, die er geschickt hatte, aber dachten sie an den, der sie befreit hatte? Nein, sie tanzten die ganze Nacht um ein selbst erschaffenes Standbild herum.

Gott war alles andere als glücklich.

Da sprach der Herr zu Mose: „Steig schnell hinab, denn dein Volk, das du aus Ägypten herausgeführt hast, hat etwas Abscheuliches getan! Wie schnell haben sie sich von meinen Geboten abgewandt! Sie haben sich ein goldenes Kalb gegossen, sie sind vor ihm niedergefallen, haben ihm Opfer dargebracht und gerufen: ‚Das ist unser Gott, der uns aus Ägypten befreit hat!' Ich kenne dieses Volk genau und weiß, wie stur es ist. Versuch mich jetzt nicht aufzuhalten, denn ich will meinem Zorn freien Lauf lassen und sie vernichten! An ihrer Stelle werde ich deine Nachkommen zu einem großen Volk machen" (2. Mose 32,7–10; Hfa).

In diesem Augenblick hätte trockenes Gras auf dem Vesuv bessere Überlebenschancen gehabt. Ihre einzige Hoffnung war ihr achtzigjähriger Anführer, der vor ein paar Jahren eine Begegnung mit Gott gehabt hatte – vielleicht genau auf diesem Berg. Wenn Mose irgendeinen Einfluss hatte, war jetzt der Moment gekommen, ihn zu nutzen. Und er tat es.

Doch Mose flehte: „Herr, mein Gott, du hast dein Volk aus Ägypten befreit und dabei deine ganze Macht gezeigt! Warum willst du es jetzt im Zorn vernichten? Sollen die Ägypter etwa sagen: ‚Der Herr hat die Israeliten nur aus unserem Land geholt, um sie in den Bergen zu töten und vom Erdboden verschwinden zu lassen!'? Sei nicht länger zornig über dein Volk! Lass das Unheil nicht über sie hereinbrechen!" (2. Mose 32,11–12; Hfa).

Achten Sie mal darauf, wie leidenschaftlich er ist. Als Erstes liegt er auf seinem Gesicht, als Nächstes Gott in den Ohren. Er streckt vermutlich den Finger aus, er hebt die Hände. Er vergießt Tränen. Er zerreißt seinen Umhang. Er kämpft wie Jakob am Jabbok um das Leben seines Volkes.

Und wie reagiert Gott? „Da lenkte der Herr ein und ließ das angedrohte Unheil nicht über sie hereinbrechen" (Vers 14; Hfa).

Das ist die Verheißung, die auf dem Gebet liegt: Wir können dafür sorgen, dass Gott seine Meinung ändert! Sein letztgültiger Wille steht ein für alle Mal fest, aber die Art und Weise, wie er umgesetzt wird, nicht. Gottes Wesen und Ziele sind unveränderlich, aber er ist bereit, auf die Bitte seiner Kinder hin seine Strategie zu ändern. Wir ändern seine Absicht nicht, aber wir haben Einfluss auf sein Handeln.

Schließlich sind wir Botschafter Christi (2. Korinther 5,20). Botschafter repräsentieren den König. Sie haben die Autorität der Krone hinter sich. Sie sind Handlungsbevollmächtigte desjenigen, der sie gesandt hat. Wenn ein Botschafter sich mit einem Bittgesuch an den König richtet, wird der König ihn anhören? Unter allen Umständen.

> Wir ändern Gottes Absicht nicht, aber wir haben Einfluss auf sein Handeln.

Sie „haben einen Platz in Gottes neuer Welt" (Epheser 2,6; Hfa). Sie haben keinen Sitz am Bundesgerichtshof oder im Bundestag. Sie haben eine viel einflussreichere Position: Sie haben einen Sitz im Parlament Gottes. Wie ein Bundestagsabgeordneter repräsentieren Sie dabei einen bestimmten Bezirk. Sie sprechen zugunsten Ihrer Familie, Ihrer Nachbarschaft, Ihrer Volleyball-Mannschaft. Ihr Bezirk ist der Bereich, auf den Sie Einfluss nehmen können. Während Sie geistlich reifer werden, wird Ihr Bezirk größer. Gott zeigt Ihnen, was ihm am Herzen liegt: Waisenkinder, entfernte Länder oder Völker in Not. Und Sie reagieren auf diese Hinweise, indem Sie beten.

Vater ... sie brauchen Hilfe.

Sie sind der Mose Ihres Wohnviertels. Der Mose Ihrer Belegschaft. Der Mose Ihrer Schulklasse. Sie treten bei Gott für andere Menschen ein.

Fürbitte ist kein Buch mit sieben Siegeln. Es bedeutet einfach anzuerkennen, dass unserer Macht Grenzen gesetzt sind, Gott jedoch allmächtig ist. Wir kommen mit leeren Händen, aber großen Hoffnungen. Warum? Darum: „Gott aber kann viel mehr tun, als wir jemals von ihm erbitten oder uns auch nur vorstellen können" (Epheser 3,20; Hfa). Und: „Aus seinem Reichtum wird euch Gott, dem ich gehöre, durch Jesus Christus alles geben, was ihr zum Leben braucht" (Philipper 4,19; Hfa). Wenn Gott gibt, gibt er großzügig: „Ein volles Maß wird man euch in den Schoß schütten, ein reichliches Maß, bis an den Rand gefüllt und überfließend" (Lukas 6,38; NGÜ).

Auch wir haben die Macht der Fürbitte in unserer Gemeinde erlebt. In den frühen 1990er-Jahren, als ich mich der *Oak-Hills-*Gemeinde anschloss, hatte ich die Gelegenheit, die *Skyline Church* in San Diego, Kalifornien, zu besuchen. John Maxwell, der dortige Pastor, lud mich ein zu predigen. Ich stimmte unter der Voraussetzung zu, dass er mir verriet, wie man eine gut funktionierende Gemeinde aufbaute. Er zögerte keinen Augenblick, mir das Geheimnis zu verraten: Gebet. Er schlug insbesondere vor, dass ich ein Gebetsteam aus 120 Personen rekrutierte, die sich verpflichteten, jeden Tag für die Gemeinde sowie für mich und meine Familie zu beten. Als ich nach San Antonio zurückkam, teilte ich meinen Gemeindegliedern meinen Plan mit. Innerhalb eines Monats hatten sich exakt 120 Freiwillige gemeldet, die bereit waren, dieses Gebetsteam zu bilden. Sechs Monate später erstattete ich John Bericht.

- Wir hatten unseren sonntäglichen Besucherrekord zweimal gebrochen.
- Die durchschnittliche Besucherzahl beim Sonntagsgottesdienst war in diesem Jahr so hoch wie nie zuvor.
- Wir hatten in diesem Jahr einen deutlichen finanziellen Überschuss erzielt.
- Wir hatten die Anzahl unserer Mitarbeiter und Ältesten nahezu verdoppelt.
- Wir hatten einige außergewöhnliche Heilungen erlebt.
- Es hatte noch nie so wenige Konflikte in der Gemeinde gegeben wie im vergangenen Jahr und die Einigkeit unter den Gemeindemitgliedern war so groß wie nie zuvor.

Ich war sprachlos. Wir spürten Gottes Wind in unseren Segeln, und wir beschlossen, in Zukunft noch entschlossener für andere zu beten.

Dasselbe geschieht gerade wieder. Während der vergangenen drei Monate habe ich mit der Gemeinde das Hosentaschengebet durchgearbeitet. Unsere Spendeneinnahmen sind überdurchschnittlich. Die Gemeinde wächst in jedem Arbeitsbereich. Wir haben so viele Besucher wie nie zuvor. Und das Wichtigste von allem: Wir erleben, dass mehr Menschen zu Jesus finden als in jedem anderen Vergleichszeitraum der Geschichte unserer Gemeinde.

> Nichts freut Jesus so sehr wie kühner Glaube, der Großes von ihm erwartet.

Die Erklärung? Gebet. Wenn wir doppelt so entschieden beten, segnet Gott doppelt so viel.

Nichts freut Jesus so sehr wie kühner Glaube, der Großes von ihm erwartet. Wenn wir im Gebet Menschen zu Jesus bringen, öffnet er seine Vorratskammer. Kaum jemand kennt diese Wahrheit so gut wie Freddy Vest.

Es geschah bei einem Kälberfangen im Rahmen eines Rodeos am 28. Juli 2008 in Graham, Texas. Während sich der Cowboy mit dem kantigen Kinn auf seinen vierten Ritt vorbereitete, fiel er vom Pferd. Er war tot, noch bevor er auf dem Boden aufkam. Herzstillstand. Ein Freund rannte zu ihm, legte die Hand unter seinen Kopf und begann zu beten. Ein ehemaliger Feuerwehrmann führte Wiederbelebungsmaßnahmen durch und betete, während er auf Freddys Brustkorb presste. Der Freund forderte alle Umstehenden auf, mitzubeten, und der Feuerwehrmann sagte später, dass er überall um sich herum Menschen beten gehört hatte. Bald glich die Arena einem Gottesdienstraum und Freddy lag auf dem Altar. Noch immer kam von ihm keine Reaktion. Fünfundvierzig Minuten, nachdem er kollabiert war, brachte ein Rettungswagen ihn mit Blaulicht ins nächste Krankenhaus. Unterwegs begann sein Herz wieder zu schlagen.

Es stellte sich im Nachhinein heraus, dass Freddy die Gebete der Menschen buchstäblich gesehen hatte. „Ich war bei Gott", berichtet er. Er habe eine Liebe gespürt, die stärker gewesen sei als alles, was man sich vorstellen könne. Er erinnert sich an ein Gefühl vollkommenen Friedens, eines Friedens, wie ein Kind ihn spürt, wenn es von seiner Mutter auf den Armen gewiegt wird. Und er berichtet: „Gott erlaubte mir, die Gebete zu sehen, die für mich gesprochen wurden. Es begann mit einem Lichtblitz. Und dann waren es zwei Lichtblitze und dann drei. Dann waren es zehn. Und auf einmal waren es Hunderte und dann Tausende von Lichtblitzen. Jeder einzelne dieser Lichtblitze war ein Gebet, das jemand für mich heraufschickte. Und schließlich explodierten sie und bildeten eine Wolke aus gleißend hellem Licht ... Das war der Moment, als Gott mich zurückschickte."[10]

Der Apostel Johannes erinnert sich an etwas Ähnliches. In seiner Vision vom Himmel sah er die Gebete der Heiligen, die zusammen mit dem Duft von Weihrauch in die Gegenwart Gottes aufstiegen. Dann „füllte der Engel das Weihrauchgefäß mit Feuer vom Altar und schleuderte es auf die Erde. Da begann es zu blitzen und zu donnern, und die Erde bebte" (Offenbarung 8,5; Hfa).

Achten Sie doch mal darauf, welche Macht das Gebet hat: Sie bitten Gott um Hilfe und – *wumms!* – fällt Feuer auf die

Erde. Sie bringen Ihre Anliegen vor seinen Himmelsthron und es gibt Aufruhr! „Da begann es zu blitzen und zu donnern und die Erde bebte."

Haben Sie keine Hemmungen! Klopfen Sie um Mitternacht an Gottes Tür. Setzen Sie sich ein für die Menschen, die Sie lieben. Und ja, auch für die, die Sie nicht lieben! „Fangt an, eure Feinde zu lieben. Ja, betet selbst für die, die euch das Leben schwer machen, nur weil ihr zu mir gehört" (Matthäus 5,44; WD). Wenn Sie das Feuer der Wut löschen wollen, geht das am schnellsten dadurch, dass Sie einen Eimer Gebet daraufschütten. Schimpfen, toben oder rächen Sie sich nicht – beten Sie. Genau das hat Jesus getan. Während er am Kreuz hing, bat er für seine Feinde: „Vater, vergib ihnen, denn sie wissen nicht, was sie tun" (Lukas 23,34; WD). Jesus – sogar Jesus! – legte seine Feinde in Gottes Hand.

> Sie sind Jesus nie ähnlicher als dann, wenn Sie füre beten.

Sollten wir es nicht auch so machen? Sie sind Jesus nie ähnlicher als dann, wenn Sie für andere beten. Beten Sie für die, die Sie lieben, und für die, die Sie nicht lieben. Beten Sie für diese zerrüttete Welt. Bringen Sie ihre Not zu dem, der lebendiges Brot zu verschenken hat.

Und bringen Sie einen Einkaufskorb mit. Gott wird Ihnen eine Fülle von Segnungen geben, die Sie ihnen mitbringen können.

Kapitel 8

Danke

Ich bin dankbar für …

Andy. Das ist der Hund, den Denalyn aus dem Tierheim gerettet hat. Mager wie ein Kojote, als wir ihn bekommen haben. Jetzt ist er moppelig. Er springt jeden Morgen zu uns aufs Bett und flitzt durch den Garten wie ein Hase, wenn wir nach Hause kommen.

Beschauliche Spaziergänge mit Freunden.

Campingplätze, Campingfahrzeuge, Campingstühle, Campingkocher. Alles, was mich daran erinnert, dass wir in diesem Leben nur auf der Durchreise sind.

*D*ünner werdendes Haar. Als ich vor einiger Zeit an einer Supermarktkasse stand, sah ich einen Mann auf dem Überwachungsmonitor. *Der Typ wird langsam kahl,* dachte ich. Dann merkte ich, dass ich selbst der Typ war. Der kahle Fleck auf meinem Kopf dehnt sich aus wie eine Regenpfütze. Kein Grund zur Dankbarkeit? Doch, natürlich – immerhin habe ich jetzt ein Wort mit D!

*E*nzyklopädien. Wörterbücher. Nachschlagewerke. Jemand muss schließlich festhalten, was Wörter und Ausdrücke bedeuten. Wenn das Wort „H-U-N-D" für Sie Katze und für mich Maus bedeuten würde, wüssten wir nicht, wen wir fangen und wen wir streicheln sollten. Ich bin dankbar, dass es solche schlauen Bücher gibt. Und ich bin dankbar für …

*F*lugzeuge, auch wenn sie überbucht sind und Verspätung haben. Immerhin brauche ich nicht zu laufen.

*G*olf – das ich es so schlecht spiele, dass alle anderen dagegen wie Profis wirken.

*H*immel. Ich werde diese Woche bei der Beerdigung eines Babys über den Himmel sprechen. Die Eltern werden mich danach fragen und ich werde ihnen sagen: „Sie werden Ihre Tochter im Himmel wiedersehen." Wenn wir den Himmel aus unserer Vorstellungwelt streichen würden, hätte ich keinen

Trost anzubieten. Aber wenn wir auf ein ewiges Leben im Himmel hoffen, gibt es sogar bei einem Trauergottesdienst Raum für Dankbarkeit.

*I*deen, die aus Gottes Herzen kommen. Wie die Idee, uns einen Retter zu schicken, der uns unsere Schuld vergibt und uns ewiges Leben schenkt …

*J*esus, weil er uns Dankbarkeit vorgelebt hat. Danke …

*K*önig Jesus, dass du unser Leben in deiner Hand hältst und dafür sorgst, dass uns alles zum Besten dient. Danke, dass du die …

*L*iebe in Person bist. Bei meiner Suche nach Gründen zur Dankbarkeit bin ich heute auf die Liebe gestoßen. Die runzligen, ineinandergeschlungenen Hände eines alten Paares im Supermarkt. Das begeisterte Gesicht eines Jungen, der im Garten mit seinem Vater Ball spielt. Liebe. Halten Sie Ausschau nach Liebe und Sie werden sie entdecken.

*M*mmmh – wie Schokolade! Leckere Dinge streicheln unseren Gaumen und unsere Seele – darum bedanke ich mich heute für alles, was gut schmeckt. Besonders für Schokolade und alles, was man daraus machen kann. Schokokekse, Schokoriegel, Schoko-Nuss-Aufstrich und Schokoladeneis. Hätten sie damals schon Schokolade gehabt, hätten Adam und Eva bestimmt nicht nach der verbotenen Frucht gegriffen, und die Matrosen auf der „Bounty" hätten nicht gemeutert. Mmmmh – für mich ein Synonym für Schokolade, Nutella und alles andere, was sonst noch lecker ist!

*N*ickerchen. Dieses kleine, erholsame Wunder, das sich an einem entspannten Samstagnachmittag auf der Couch ereignet.

*O*h wie in „Oh, ist das schön!" oder: „Oh, es ist ein Mädchen!" oder: „Oh, schmeckt das gut!" Ich habe mich nie für all die Ohs in meinem Leben bedankt. Was eigentlich schade ist, weil es so viele gibt!

*P*fützen: flache, nasse Kreise auf der trockenen Straße, in denen sich der Himmel spiegelt.

*Q*ueens, den „etwas anderen" Stadtteil von New York. Ich habe da mal an einem Tag im Juli koreanisch gegessen und dabei total nette Leute kennengelernt. Und bin nie auf die Idee gekommen, Gott für sie zu danken – bis heute.

*R*egenwasser – und alle Arten von Wasser, die es sonst noch gibt. Heiße Duschen. Hähne, aus denen fließendes Wasser kommt – kalt und warm. WC-Spülungen. Ich bin nie mehr als ein paar Meter von einer gut gefüllten Wasserleitung entfernt. Wie freundlich von Gott! Eine Portion Dankbarkeit verwandelt jede heiße Dusche in ein Fest. Nichts bringt schlechte Laune schneller zum Schweigen als Dankbarkeit.

> Nichts bringt schlechte Laune schneller zum Schweigen als Dankbarkeit.

Ich habe von den murrenden Israeliten gelesen. Sie „klagten Gott und Mose an: ‚Warum habt ihr uns aus Ägypten geholt? Damit wir in der Wüste sterben? Es gibt kein Brot, es gibt kein Wasser, nur immer dieses armselige Manna. Das hängt uns zum Hals heraus!'" (4. Mose 21,5; Hfa).

Hatten sie vergessen, wie viele Wunder im Spiel gewesen waren, als Gott sie befreit hatte? Das Rote Meer wurde für sie zum roten Teppich. Manna fiel vom Himmel wie die Sterntaler aus dem Märchen. Sie tanzten Jubeltänze und trugen Mose vor Begeisterung auf ihren Schultern. Zu Anfang waren sie noch dankbar. Aber im Laufe der Zeit machte sich Undankbarkeit breit. Sie begannen zu meckern. Sie beschwerten sich über den Zimmerservice und die Temperatur des Swimmingpools. Es war nicht genug, dass sie der Sklaverei entkommen waren; sie wollten Maniküre, Pediküre und kosmetische Gesichtsbehandlungen. Sie wurden mürrisch und griesgrämig.

Gott antwortete mit einer Lektion, die sie nie vergessen sollten. Er ließ Schlangen in ihr Lager einfallen. Schuppiges Gewürm drang in ihre Zelte ein. Überall Giftzähne. Der Garten

Eden wirft lange Schatten. Die Symbolik springt ins Auge. Undankbarkeit ist Teufelszeug. Sie wird Sie umbringen.

Viele Menschen wurden gebissen und starben. Die Israeliten liefen zu Mose und riefen: „Wir haben uns schuldig gemacht! Es war falsch, dass wir uns gegen dich und den Herrn aufgelehnt haben. Bitte den Herrn, uns von den Schlangen zu befreien!" Da betete Mose für das Volk, und der Herr antwortete ihm: „Mach dir eine bronzene Giftschlange, und befestige sie am Ende einer Stange. Dann sag den Israeliten: Jeder, der gebissen wird und sie ansieht, bleibt am Leben." Mose fertigte eine Schlange aus Bronze an und befestigte sie an einer Stange. Nun musste niemand mehr durch das Gift der Schlangen sterben. Wer gebissen wurde, brauchte nur auf die bronzene Schlange zu sehen und war gerettet (4. Mose 21,6–9; Hfa).

Das Heilmittel gegen Undankbarkeit? Schauen Sie nach oben. Sehen Sie die tote Schlange auf der Stange an. Erheben Sie den Blick! Schauen Sie auf das, was Gott getan hat!

Die Schlange ist besiegt. Blicken Sie auf! Der Menschensohn ist gekommen. Blicken Sie auf! Jesus, Ihr Retter, hat einen …

𝒮ieg errungen, den ihm niemand mehr streitig machen kann!

Gottes Antwort auf jede Herausforderung ist genial einfach: eine dankbare Einstellung. Kein Nebel ist so dick, dass das

Licht der Dankbarkeit ihn nicht auflöst. Ein Beispiel gefällig? Jack Ryan.

Ich weiß ja, dass Pastoren keine Lieblinge haben dürfen. Aber Jack Ryan gehört schon immer zu den Gemeindemitgliedern, die ich am liebsten habe. Sie würden eher einen Elch auf dem Mond sehen als Jack mit einem missmutigen Gesichtsausdruck. Er ist ein siebzigjähriger Heiliger mit silbergrauem Haar, der stets ein Lächeln und ein ermutigendes Wort auf den Lippen hat. In der Gemeinde sitzt er immer in einer der ersten Reihen und hält während des gesamten Gottesdienstes – vom ersten Lied bis zum letzten Bibelvers – die Hände andächtig erhoben.

Letzte Woche habe ich ihn zu Hause besucht. Er war seit einiger Zeit nicht mehr im Gottesdienst gewesen. Eine Herzerkrankung hatte ihn geschwächt. Er litt unter chronischem Schlafmangel und war infolgedessen ständig erschöpft. Ich setzte mich in den Sessel neben seinem Bett und ergriff seine Hände.

„Jack", sagte ich, „ich habe gehört, es geht dir nicht so gut?"

„Das stimmt nicht, Max", korrigierte er mich mit einem schwachen Lächeln. „Es ging mir nie besser."

„Ich habe gehört, du könntest nicht schlafen."

„Nein, kann ich nicht. Aber ich kann beten."

Seine Augen blitzten, während er den Kopf neigte. „Ich rede einfach mit Jesus, Max. Ich sage ihm, dass ich ihn liebe.

Ich sage ihm, wie gut er ist. Ich sage ihm: ‚Danke, Herr!' Ich genieße diese Zeit, Max. Ich rede einfach mit Jesus."

Er litt unter Durchblutungsstörungen, die dafür sorgten, dass er ganz blass war. Die Krankheit raubte ihm die Kraft. Seine Hände zitterten. Die Haut hing an seinen Knochen wie ein zerschlissener Lappen. Trotzdem war er so fröhlich wie ein Kind am Weihnachtsabend.

Und in gewissem Sinne war er genau das: Früh am nächsten Morgen ging er nach Hause zu Jesus. Wer sind die wahren Sieger im Leben? Sind das nicht die Menschen, die mit einem dankbaren, hoffnungsfrohen Herzen sterben? Und wie sterben wir dankbar? Indem wir dankbar leben. Wir danken Gott dafür, dass Jesus den …

*T*riumph über den Tod errungen und das Universum zurückerobert hat.

Und wir dürfen ihm auch danken für …

*U*nterbrechungen. Jesus hat das jedenfalls getan. Als fünftausend Menschen aufkreuzten und seine wohlverdiente Ruhepause unterbrachen, lud er sie zum Essen ein. „Er forderte die Leute auf, sich ins Gras zu setzen. Er nahm die fünf Brote und die beiden Fische, sah zum Himmel auf und *dankte Gott*" (Matthäus 14,19; Hfa; Hervorhebung des Autors). Jesus war auf hartnäckige, unbeirrbare Weise dankbar. Er war dankbar, als Maria eine Party mit ihrem Duftöl unterbrach. Er war dankbar, während er Kinder umarmte und Babys segnete und miterlebte, wie Blinde ihren ersten Sonnenuntergang beobachteten. Und als die Jünger von ihrer ersten Missionsreise zurückkehrten, jubelte er: „Mein Vater, Herr über Himmel und Erde! Ich danke dir …" (Lukas 10,21; Hfa).

Ich danke ihm auch dafür, dass das Leben …

*V*oller herausfordernder Aufgaben ist – so wie diese Übung hier. Das Ganze war Denalyns Idee: Erstelle eine alphabetische Listen von all den Dingen, für die du dankbar bist. Nenne doch deine Segensgeschenke beim Namen, statt deine Nöte aufzuzählen. Die beste Medizin gegen schlechte Laune. A = Andy. B = Beschauliche Spaziergänge. C = Camping. D = Dünne Haare. Mir fällt gerade auf, dass „Denalyn" auch mit D beginnt. Wenn ich das nächste Mal eine Liste mache, nehme ich für das D den Namen meiner Frau. Für sie bin ich natürlich noch viel dankbarer als für mein dünnes Haar. Das gehört, nebenbei bemerkt, auch zum Sinn dieser Übung: zu erkennen, dass uns die Gründe, um Danke zu sagen, nie ausgehen.

Danke. Das Wort allein hebt unsere Stimmung. Danke zu sagen bedeutet, ein Geschenk zu feiern. Etwas. Irgendwas. Tiere. Dünne Haare. Beschauliche Spaziergänge. Campingplätze und Denalyn. Danke zu sagen bedeutet, die Blickrichtung zu wechseln. Von „mir fehlt" zu „ich habe", von Mangel zu Fülle. *Danke* proklamiert: „Ich bin nicht benachteiligt, unfähig, in der Opferrolle, beleidigt, vergessen oder missachtet.

Ich bin gesegnet." Dankbarkeit ist eine Art Dialyse: Sie spült das Selbstmitleid aus unserem Organismus.

In der Bibel ist Dankbarkeit kein Vorschlag und keine Empfehlung – sie ist ein Gebot. „Sei dankbar!" steht auf derselben Stufe wie „Liebe deinen Nächsten" oder: „Unterstütze die Armen!" Mehr als hundertmal werden wir in der Bibel dazu aufgefordert, dankbar zu sein, sei es in Form eines ausdrücklichen Befehls oder in Form eines Beispiels. Wenn Quantität ein Gradmesser für Relevanz ist, dann nimmt Gott Dankbarkeit sehr ernst.

> Dankbarkeit ist eine Art Dialyse: Sie spült das Selbstmitleid aus unserem Organismus.

Ich sage Ihnen, warum. Undankbarkeit ist die Ursünde. Adam und Eva hatten eine Million Gründe, Gott zu danken. Wasserfälle und Vögel, Strand und Sonnenuntergänge. Gott fand den Garten Eden so schön, dass er abends, wenn es kühl wurde, darin spazieren ging (1. Mose 3,8). Adam und Eva fühlten sich in dem Garten so sicher, dass sie keine Kleidung trugen (1. Mose 2,25). Sie hatten nichts zu verbergen und niemanden, vor dem sie sich verstecken mussten. Sie lebten in einer vollkommenen Welt. Sie waren im Einklang mit der Schöpfung, im Einklang mit Gott, im Einklang miteinander. Das Paradies war eine einzigartige Welt. Wenn Sie die Ohren auf die ersten Seiten der Bibel legen, hören Sie im wahrsten Sinne des Wortes paradiesische Klänge.

Aber dann kam die Schlange. Satan schlängelte sich in den Garten. Er stellte eine Frage über den verbotenen Baum. Adam und Eva durften die Früchte aller Bäume essen, aber Satan lenkte ihren Blick auf die einzige Frucht, die sie nicht anrühren durften. „Esst das", zischte er. „Dann werdet ihr sein wie Gott!" (1. Mose 3,5). Das Paradies war ihnen nicht gut genug. Dabei hätte es nicht besser sein können. Ökologisches Gleichgewicht. Harmonische zwischenmenschliche Beziehungen. Frieden mit Gott. Adam und Eva hatten alles, was sie je brauchen würden. Gott hatte ihnen gesagt: „Als Nahrung gebe ich euch die Samen der Pflanzen und die Früchte, die an den Bäumen wachsen, überall auf der ganzen Erde" (1. Mose 1,29; GN). Lebensmittel in Hülle und Fülle. „Aber da gibt's doch noch mehr …", flüsterte der Teufel und deutete auf die glitzernde, funkelnde Delikatesse, die nur eine Handbreit hinter der Grenzlinie lag. Und dieser Gedanke weckte in Eva den ersten Hauch von Unzufriedenheit. Statt über den Obstgarten nachzusinnen, den sie besaß, richtete sie ihre Aufmerksamkeit auf die einzige Frucht, die Gott verboten hatte. Die Unzufriedenheit brach über sie herein wie ein Tornado über eine Südseeinsel.

Was wäre, wenn die Dankbarkeit an diesem Tag den Sieg davongetragen hätte? Stellen Sie sich vor, Adam und Eva hätten sich nicht vom Vorschlag der Schlange täuschen lassen und hätten spöttisch gesagt: „Machst du Witze? Wir sollen uns über das ärgern, was wir nicht essen dürfen? Hast du dich mal hier umgeguckt? Erdbeerbeete. Melonenfelder. Orangenhaine. Blaubeerbüsche. Wir führen dich mal ein bisschen herum und zeigen dir, was Gott uns alles geschenkt hat."

Wenn sie sich dafür entschieden hätten, dankbar zu sein, würde die Welt dann heute anders aussehen?

Wenn Sie sich dafür entscheiden würden, dankbar zu sein, würde Ihre Welt anders aussehen?

Hören Sie dieses Zischen? *Wollt ihr nicht mehr?* Mehr PS? Mehr Gigabyte? Mehr Beinfreiheit? Mehr Testosteron?

Der weiße Wal des Verlangens schwimmt durch unsere Gewässer. Aber Gott hat Kapitän Ahab eine Harpune gegeben: Dankbarkeit. Darum: Danke, Herr, für ...

*W*under. Es gibt sie heute noch. Rebekka hat eines erlebt. Sie hat während der vergangenen drei Jahre unter Schmerzen gelitten. „Auf einer Skala von eins bis zehn liegt sie jeden Tag bei zwölf", erklärte ihr Arzt. Rebeccas Bauchspeicheldrüse arbeitet nicht mehr. Nach einem Dutzend Operationen und diversen Versuchen mit neuen Medikamenten ist immer noch keine Lösung in Sicht.

Ein ziemlich zähes Problem. Aber Rebekka ist ein zähes Kind. Sie ist zehn Jahre alt. Sie hat karamellbraunes Haar, funkelnde Augen, ein wetterfestes Lächeln – und ein Wunderbuch. Sie hat es mir gezeigt. Ich dachte, sie würde schlafen. Ihre Mutter und ich unterhielten uns flüsternd in der Ecke des Krankenhauszimmers. An den Wänden hingen selbst gemalte Bilder. Das Sofa wurde von einer Horde Stofftiere belagert. Jemand hatte einen Süßigkeitenstrauß geschickt. Ich betrachtete ihn.

„Mama." Rebekkas Stimme klang erschöpft.

„Ja, Liebes?"

„Kannst du Max mein Wunderbuch zeigen?"

Dabei handelt es sich um einen Spiralblock mit abgestoßenen Kanten, der verziert ist mit selbst gemalten Blumen, Sternen und dann und wann einem Clown. Und voller Wunder, die sie in ihrer Kinderhandschrift festgehalten hat:

„Ich habe heute die ganze Nacht durchgeschlafen."

„Papa hat ein Hundebaby ins Krankenhaus geschmuggelt."

„Mama will einen Weihnachtsbaum in die Ecke stellen."

Ihr Körper rebelliert. Ihre Eltern sind besorgt. Ihre Ärzte wissen nicht, was sie tun sollen. Aber Rebekka hat eine Entscheidung getroffen. Sie dankt Gott für Wunder. Wenn Rebekka Gründe finden kann, um dankbar zu sein, kann ich das nicht auch? Zum Beispiel für …

*X*ylofone, X-Chromosomen und die Gnade, die Gott uns schon x-mal im Leben geschenkt hat – zum Beispiel dann, wenn uns die Wörter ausgehen, die mit X anfangen.

*Y*aks und …

*Z*ebras.

*D*ank sei Gott für alles.

Kapitel 9

Im Namen Jesu. Amen

ES bereitet Ihnen Sorgen, ES raubt Ihnen die Kraft, ES macht Sie fertig. ES ist die Krankheit, die nicht verschwindet, die Situation am Arbeitsplatz, die Ihnen Bauchschmerzen bereitet, die Ehe, die Sie nicht in Ordnung bringen können, die Wut, die Sie nicht unter Kontrolle bekommen.

ES tut weh.

ES hängt drohend über Ihrem Leben. Zwei große Buchstaben, steil und starr. ES! Sie marschieren durch Ihren Alltag wie Frankensteins Monster. Jeder Schritt ein Donnerhall. *Tapp. Tapp. Tapp.* ES! ES! ES!

„Pass auf! Da kommt ES!"

„Ich kann ES nicht mehr aushalten!"

ES überschattet und beängstigt alle – das heißt, alle außer denen, die ES zu Jesus bringen. Leute wie der römische Soldat.

Er war ein Hauptmann. Er besaß unumstrittene Autorität über seine Männer. Trotzdem hatte dieser Offizier etwas Besonderes an sich. Sein Diener lag ihm sehr am Herzen: „Meister, mein Diener ist krank. Er kann nicht mehr gehen und außerdem hat er furchtbare Schmerzen."

Jesus entgegnete ihm: „Ich werde mitkommen und ihn heilen" (Matthäus 8,6–7; WD).

Das Gebet des Soldaten war schlicht und geradeheraus. Er sagte einfach, was Sache war: „Mein Diener ist krank. Er kann nicht mehr gehen und außerdem hat er furchtbare Schmerzen."

Das genügte. Jesus wollte sich sofort auf den Weg machen und zum Haus des Hauptmanns gehen. Aber der hielt ihn auf:

„Oh nein", wehrte der Offizier ab, „ich möchte nicht, dass Ihr Euch deswegen irgendwelche Umstände macht. Ihr braucht doch nur einen Befehl zu geben und der Diener wird wieder auf die Beine kommen. Ich bin ein Mann, der Befehle empfängt und Befehle erteilt. Ich sage zu einem Soldaten: ‚Geh!', und er geht; zu einem anderen: ‚Komm!', und er kommt; zu meinem Sklaven: ‚Tu dies!', und er wird es tun" (Matthäus 8,8–9; WD).

Der Hauptmann kannte Autorität nur zu gut. Er *verstand* der Autorität von anderen und war auch selbst ein Mann *mit* Autorität. Seine Vorgesetzten erteilten ihm Anordnungen und er gehorchte. Er gab wiederum Befehle und seine Soldaten gehorchten. Sie stellten seine Entscheidungen nicht infrage. Das römische Heer respektierte die militärische Rangordnung. Der Hauptmann erkannte Autorität, wenn er sie sah. Und bei Jesus Christus sah er absolute Autorität.

„Sprich nur ein Wort, und mein Diener wird gesund."
Diese Antwort erstaunte Jesus, und er sagte zu denen, die ihm folgten: „Ich versichere euch: In ganz Israel habe ich bei keinem solch einen Glauben gefunden."
Hierauf wandte sich Jesus zu dem Hauptmann und sagte: „Du kannst nach Hause gehen. Was du geglaubt hast, soll geschehen." Und zur gleichen Zeit wurde der Diener gesund (Matthäus 8,8.10.13; NGÜ).

Der Hauptmann vertraute Jesus aus tiefstem Herzen. Er war davon überzeugt, dass Jesus seine Bitte auch aus der Ferne erfüllen konnte. Ein Wort von ihm würde genügen. Jesus war perplex. Seine Antwort legt nahe, dass er dachte: *Endlich hat jemand begriffen, welche Autorität ich besitze!*
Haben wir es begriffen?
Jesus besitzt unanfechtbare Autorität. „Er trägt das All durch sein machtvolles Wort" (Hebräer 1,3; WD). „Darum hat Gott ihm auch die höchste Stellung im ganzen Universum gegeben. Es gibt keinen Namen, der größer und herrlicher wäre als seiner" (Philipper 2,9; WD).

Die römische Regierung versuchte, ihn einzuschüchtern. Die Pharisäer und Sadduzäer versuchten, ihn zum Schweigen zu bringen. Der Teufel versuchte, ihn zu töten. Alle scheiterten. Selbst der Tod hatte keine Macht über ihn (Apostelgeschichte 2,24).

Durch seinen Tod am Kreuz wurden „alle die Mächte, die uns hätten anklagen können, [...] entwaffnet und in aller Öffentlichkeit bloßgestellt" (Kolosser 2,15; WD). Er machte keinen Scherz, als er sagte: „Mir ist alle Macht gegeben im Himmel und auf Erden" (Matthäus 28,18; WD). Jesus ist die Kommandozentrale der Galaxien. „Denkt doch einmal an die Spatzen! Zwei von ihnen kosten nicht mehr als einen Groschen, und doch fällt kein einziger Spatz auf die Erde, ohne dass euer Vater es zulässt" (Matthäus 10,29; NGÜ). Er ließ eine Münze aus dem Maul eines Fisches kommen. Wind und Wellen gehorchten seinem Wort. Er sprach und ein Baum verdorrte. Er sprach erneut und ein Korb Brot reichte für Tausende von Menschen. Wirtschaft. Meteorologie. Botanik. Lebensmittelversorgung. „Alles ist mir übergeben von meinem Vater" (Matthäus 11,27; LÜ).

Das schließt auch Satan ein. Durch seinen Tod am Kreuz hat Jesus den Teufel ein für alle Mal besiegt. Jesus ist ihm in jeder Hinsicht überlegen. Er muss Jesus gehorchen und er weiß es. Gebete, die im Namen Jesu gesprochen werden, „sind mächtig genug, jede Festung zu zerstören" (2. Korinther 10,4; Hfa). Zerstören! Nicht anzugreifen oder zu beschädigen, sondern zu zerstören. Gebet wirkt auf Festungen wie brennende Fackeln auf eine Strohhütte.

Der Teufel fürchtet unser Gebet. Stellen Sie sich folgendes Szenario vor: Während einer höllischen Strategiebesprechung sitzt er hinten im Raum. Ein Dutzend Dämonen haben sich versammelt, um einen Bericht über das Leben eines besonders standhaften Heiligen zu hören.

„Er kommt einfach nicht vom Weg ab", mault der Geist, der für seinen Abfall vom Glauben sorgen soll. „Was ich auch tue, er will sich einfach nicht von Gott abwenden."

Das Gremium beginnt, Vorschläge zu machen.

„Nimm ihm seine Reinheit", sagt einer.

„Das habe ich versucht", antwortet der Geist.

„Nimm ihm seine Gesundheit", drängt ein anderer.

„Das habe ich gemacht, aber er weigert sich, zu jammern oder sich zu beschweren."

„Nimm ihm seinen Besitz."

„Machst du Witze? Ich habe dem Mann das letzte Hemd genommen. Aber er freut sich immer noch."

Einige Augenblicke lang herrscht Schweigen. Dann ertönt hinten im Zimmer die tiefe, bedachtsame Stimme von Satan selbst. Die ganze Versammlung wendet den Kopf, als der gefallene Engel sich erhebt. Sein blasses Gesicht ist halb verdeckt von der dunklen Kapuze. Ein langer Umhang bedeckt seinen Körper. Er erhebt seine knochige Hand und äußert seinen Standpunkt. „Es genügt nicht, ihm seine Reinheit zu nehmen.

Es genügt nicht, ihm seine Gesundheit zu nehmen. Es genügt nicht, ihm seinen Besitz zu nehmen. Du musst ihm das nehmen, was am wichtigsten ist."

„Und was ist das?", fragt sein Untergebener.

„Du musst ihm das Gebet nehmen."

Gebet bringt Probleme aus dem Herrschaftsbereich Satans in die Gegenwart Gottes. Gebet bekennt: „Gott kann ES bewältigen. Und weil er das kann, habe ich Hoffnung!"

„Er ist unser Hohepriester und herrscht nun über das Haus Gottes, seine Gemeinde. Darum wollen wir uns Gott nähern mit aufrichtigem Herzen und im festen Glauben" (Hebräer 10,21–22; Hfa). Als unser Hohepriester bringt Jesus unsere Gebete vor den Thron Gottes. Seine Gebete werden immer erhört. „Ich bitte euch noch einmal, darauf zu vertrauen: Worum ihr den Vater in meinem Namen bitten werdet, das wird er euch geben" (Johannes 16,23; WD).

Es gibt Leute, die sagen: „Das Gebet verändert die Dinge, weil es uns verändert." Ich kann dem zustimmen, aber nur zum Teil. Das Gebet verändert die Dinge, weil das Gebet sich an die höchste Macht im Universum wendet. Das Gebet ist keine magische Formel und kein mystisches Mantra. Es ist das Ja zu Gottes Einladung, seinen Namen anzurufen.

Stellen Sie sich einmal vor, ich würde zu einem Autoverkäufer sagen: „Ich möchte ein nagelneues Auto, und zwar völlig umsonst." Er wird mir höchstwahrscheinlich den nächsten Ausgang zeigen.

Wenn ich jedoch einen Brief bei mir habe, der vom Eigentümer des Autokonzerns unterschrieben ist und auf dem steht: „Max Lucado ist mein Freund und ich schenke ihm ein neues Auto" – raten Sie mal, wer mit einer tollen Karre wegfährt? Was hat meine Ausgangslage verändert? Die Autorität desjenigen, der den Brief unterschrieben hat.

Genauso ist es, wenn wir im Namen von Jesus Christus beten: Wir präsentieren Gott gewissermaßen einen Brief, der von unserem Freund unterschrieben ist.

> Gebet bekennt: „Gott kann ES bewältigen. Und weil er das kann, habe ich Hoffnung!"

Vor ein paar Jahren feierten Denalyn und ich unsere Silberhochzeit. Wir hielten uns zu diesem Zeitpunkt gerade in China auf. Anlässlich dieser Reise besuchten wir auch die amerikanische Botschaft und der Botschafter lud uns zum Essen ein. Während des Gespräches erwähnte ich unsere silberne Hochzeit und fragte ihn, ob er uns in Hongkong irgendein Restaurant empfehlen könnte. Und wie er das konnte! Er nannte uns einen exklusiven, nur Mitgliedern zugänglichen Club in einem Hochhaus im Stadtzentrum. Die Begriffe „exklusiv" und „nur Mitgliedern zugänglich" veranlassten mich zu der Frage: „Aber wie sollen wir das machen? Wie kommen wir an einen Tisch?" Er winkte einen Bediensteten herbei und flüsterte ihm etwas in Ohr. Kurze Zeit später kam dieser mit einer schriftlichen Reservierungsbestätigung zurück, die die Unterschrift des Botschafters trug.

Als ich den Brief später dem Oberkellner zeigte, lächelte er und geleitete uns zu einem Tisch. Der Name des Botschafters hatte uns die Tür zu diesem exklusiven Restaurant geöffnet.

Und der Name Jesu öffnet uns die Tür zum Thronsaal Gottes.

Der Himmel sieht seine Unterschrift und heißt uns willkommen.

Merken Sie sich das gut: ES wird nicht das letzte Wort haben. Jesus aber schon.

Denkt nur daran, welche Kraft Jesus aus dem Tod ins Leben zurückgeholt hat! Und nicht nur das: Welche Herrlichkeit hat der Vater ihm geschenkt, der ihn jetzt im Himmel neben sich gesetzt hat. Seine Macht stellt alles in den Schatten, was Menschen auf Erden für mächtig halten. Wenn sein Name genannt wird, werden alle Mächtigen zittern – nicht nur heute, sondern auch noch in ferner Zukunft. Gott selbst wird sie Jesus zu Füßen legen (Epheser 1,19–22; WD).

Die Worte „Im Namen Jesu" sind keine hohle Phrase und keine Zauberformel. Sie sind ein Bekenntnis zur Wahrheit: Nicht mein Krebs hat das Sagen, sondern Jesus. Nicht die Wirtschaft hat das Sagen, sondern Jesus. Nicht mein griesgrämiger Nachbar regiert diese Welt, sondern du, Jesus! Du, Jesus, bist der Cheftrainer, der Geschäftsführer, der

> Der Name Jesu öffnet uns die Tür zum Thronsaal Gottes.

Präsident, der König, der höchste Regent, der absolute Monarch, der große Zampano, der Zar und Maharadscha der Weltgeschichte.

Sprich nur ein Wort, Jesus ...

Beten Sie! Weil Gott immer am Werk ist, bewegt auch Gebet immer etwas. Weil Gott gut ist, ist das Gebet gut. Weil Sie Gott wichtig sind, sind Ihre Gebete im Himmel wichtig. Sie sind nie ohne Hoffnung, weil Sie immer beten können. Und wenn Ihnen irgendwann einmal die Worte fehlen, ziehen Sie einfach diese hier aus Ihrer Hosentasche:

Vater,
du bist gut.
Ich brauche Hilfe. Heile mich und vergib mir.
Sie brauchen Hilfe.
Danke.
Im Namen Jesu. Amen.

Gesprächsanregungen

Zusammengestellt von Jenna Lucado Bishop

Theoretisch etwas über die Kraft des Gebets zu wissen, ist eine Sache.

Das Ganze dann auch in die Praxis umzusetzen eine andere.

Wie überbrücken Sie diese Kluft? Wie schaffen Sie es, Ihr Vertrauen in die Kraft des Gebets nun auch praktisch werden zu lassen?

Immerhin müssen die Kinder gebadet werden, Ihr Chef erwartet morgen Ihren Bericht und Ihr Postfach wimmelt von unbeantworteten E-Mails. Und zudem haben Sie da noch ein paar Fragen zum Thema „Gebet" und vielleicht sogar ein paar Zweifel. *Warum hat Gott ihn nicht geheilt? Hört Gott mich wirklich?*

Die folgenden Fragen und Anregungen sollen Sie dabei unterstützen, praktisch anzuwenden, was Sie in diesem Buch gelernt haben, damit Sie „öfter, besser, mit mehr Tiefgang, kraftvoller" beten.

Jedes Kapitel ist nach demselben einfachen Schema aufgebaut und besteht aus vier Abschnitten:

- *Personalisieren:* Hier laden wir Sie ein, sich selbst zu prüfen, wie Paulus das in 1. Korinther 11, Vers 28 vorschlägt. Die Fragen in diesem Abschnitt helfen Ihnen dabei, sich selbst kritisch unter die Lupe zu nehmen.
- *Reflektieren:* In diesem Abschnitt werden Sie sich näher mit einigen von Max' wichtigsten Punkten beschäftigen und dazu Bibelstellen lesen, die zum Thema passen. Die Fragen in diesem Abschnitt sind interaktiv und dienen dazu, Gottes Wahrheiten tiefer in Ihrem Herzen zu verankern.
- *Verweilen:* In dieser Zeit können Sie das tun, worum es in diesem Buch geht: beten. Das Gebet bringt uns zum Herzen Gottes. Nehmen Sie sich also Zeit, um ihm nahezukommen. Sie werden Vorschläge und Gebetsanregungen erhalten. Wenn möglich, sollten Sie einen ruhigen Ort aufsuchen. Reden Sie mit Gott. Bringen Sie Ihre Gedanken zur Ruhe, und hören Sie auf das, was er zu Ihnen sagt. Sie können dafür Ihr eigenes Gebet aufschreiben oder die Gebetsanregung verwenden. Beten Sie im Sitzen, im Stehen oder auf den Knien – wie es Ihnen am liebsten ist. Verbringen Sie einfach etwas Zeit mit Gott.

- *Hingeben:* In diesem Abschnitt erhalten Sie Gelegenheit, auf die Gedanken- und Handlungsimpulse einzugehen, die Gott Ihnen in Ihrer Gebetszeit vielleicht gibt. Geben Sie sich ihm hin ganz hin, indem Sie Ihr Herz auf ihn ausrichten und sich auf seine liebevollen Pläne für Ihr Leben einlassen. Sie erhalten zwar Impulse, aber diese sind nur als Anregungen gedacht, denen Sie selbst weiter nachgehen können.

Und dann: Beten Sie. Darum geht es schließlich! *Beten Sie.*

Holen Sie sich eine Tasse Kaffee oder Tee. Schreiben Sie Ihre Gedanken in ein Tagebuch, auf ein Blatt Papier, oder tippen Sie sie in den Rechner. Beten Sie allein oder gemeinsam mit ein paar Freunden, morgens oder abends, in der Küche oder in einem Flugzeug. Egal, wie Sie sich im Einzelnen mit den folgenden Anregungen beschäftigen: Behalten Sie dabei die folgenden Empfehlungen im Hinterkopf:

1. Bitten Sie Gott zu Beginn Ihrer Gebetszeit um ein offenes Herz, damit Sie lernen, was er Ihnen beibringen möchte, in welcher Hinsicht Sie sich weiterentwickeln sollen und wie Sie am besten auf seine Impulse reagieren.
2. Seien Sie ehrlich, wenn Sie antworten. Je transparenter Sie sind, desto mehr werden Sie verstehen und desto positiver wird sich Ihr Gebetsleben entwickeln.

3. Wenn Sie diese Anregungen in einer Gruppe durcharbeiten, sollten Sie die Fragen als Erstes beantworten, damit die Diskussion nicht ins Stocken gerät. Beten Sie gemeinsam in der Gruppe. Beten Sie füreinander, wenn Sie nicht zusammen sind. Sie könnten sich auch gegenseitig darauf ansprechen, inwiefern Sie die Impulse umgesetzt haben, die Sie jeweils im Abschnitt „Hingeben" von Gott bekommen haben.
4. Führen Sie ein separates Gebetstagebuch, um festzuhalten, welche Gebetsanliegen Sie haben, wie Gott Ihre Gebete beantwortet hat und was Sie im Laufe der Zeit über das Gebet lernen.

Ich wünsche Ihnen, dass Ihre Beziehung zu Christus immer tiefer und inniger wird, während Sie lernen, intensiver und leidenschaftlicher zu beten.

Kapitel 1: Das Hosentaschengebet

Personalisieren

1. Max gibt zu, dass er ein „ausgewiesenes Mitglied der AGL – der Anonymen Gebets-Loser –" ist, während andere Leute „zum VGG – zum Verein der Gebetsgiganten" gehören. Manchen fällt beten so leicht wie atmen. Andere beten ungern oder vergessen es ganz.

   Welchen Stellenwert hat das Gebet in Ihrem Alltag? Wie integrieren Sie es in Ihren Tagesablauf? Wo würden Sie sich auf der folgenden Skala einordnen? Warum?

sehr selten – ich spreche wenig oder nie mit Gott
manchmal – ich spreche ab und zu mit Gott
oft – ich spreche jeden Tag mit Gott
sehr oft – ich bin den ganzen Tag über im Gespräch mit Gott

2. Vielleicht kommt Ihnen ja dieser Gedanke bekannt vor: „Beten ist irgendwie seltsam. Eigenartig. Wir sprechen ins Leere hinein. Schicken Worte in den Himmel." Es ist oft ein Tauziehen: Ein Teil von uns lässt sich vom Gebet abhalten, weil es uns so seltsam vorkommt, während ein anderer Teil das gern tut. Benennen Sie anhand einiger Beispiele aus diesem Kapitel, was Sie zum Gebet hinzieht. Schreiben Sie auch auf, was Sie vom Beten abhält.

Was mich zum Gebet hinzieht:
- schwierige Lebensumstände
- das Vorbild von Jesus in Bezug auf das Gebet
- die Zusagen, die Jesus an das Gebet knüpft
- der Wunsch, Gott so gut zu kennen wie Jesus
- sonstige Gründe

Was mich vom Gebet abhält:
- zu viel zu tun
- seltsames Gefühl (Worte in den Himmel schicken)
- Zweifel an der Kraft des Gebets
- meine wechselhaften Erfahrungen (meine Gebete werden manchmal nicht beantwortet)
- mir fehlt das richtige Verständnis
- sonstige Gründe

3. Vier kurze Sätze beschreiben, was Gebet im Wesentlichen ist: „Wir reden. Er hört zu. Er redet. Wir hören zu." Was davon fällt Ihnen besonders schwer zu glauben oder zu tun?

Reflektieren

1. Lesen Sie Lukas 11,1. Lucado schreibt, dass ein Workshop zum Thema „Gebet" das einzige Seminar war, um das die Jünger Jesus jemals baten. Beachten Sie, dass Jesus seinen Jüngern erst ein praktisches Beispiel gegeben hat, bevor er ihnen sagte, wie sie beten sollen. Warum, denken Sie, hat er das getan?
2. Lesen Sie noch einmal die Geschichte über den Sturm auf dem See Genezareth in Matthäus 14,22–33. Schauen Sie sich insbesondere die Verse 22 und 23 an. Gibt es etwas, das Jesus getan hat, um sich für den bevorstehenden Sturm zu rüsten? Was lernen Sie aus dieser Geschichte über das Gebetsleben von Jesus?
3. In Philipper 2,5 steht: „Eure Einstellung soll der von _____ gleichen" (NeÜ). Diese Aufforderung lässt sich auch auf unser Gebetsleben übertragen. Damit Sie sich das noch besser einprägen können, ersetzen Sie doch einmal den Namen von Jesus in Lukas 5,16 durch Ihren eigenen: „Er aber zog sich immer wieder in die Einsamkeit zurück, um zu beten" (NGÜ). Gott verändert Sie, damit Sie seinem Sohn immer ähnlicher werden – und sich so oft wie möglich

zurückziehen, um Zeit mit dem Vater zu verbringen. Wie könnte das ganz praktisch für Sie aussehen? Welche Möglichkeiten hätten Sie, sich regelmäßig zurückzuziehen, um Gemeinschaft mit Gott zu haben?
4. Lucado verbindet die Themen des bekanntesten Gebets in der Bibel, um daraus ein kurzes, leicht zu merkendes Hosentaschengebet zu machen. Sehen Sie sich einmal drei der großen Gebete in der Bibel an, die von unterschiedlichen Personen gesprochen wurden und eine Zeitspanne von mehreren hundert Jahren umfassen:

- das Gebet von Elia in 1. Könige 18,36–37
- das Gebet von David in Psalm 13
- das Gebet von Jesus in Lukas 11,1–4

Nun schauen Sie das Hosentaschengebet und die jeweils dazu angegebenen Bibelstellen an:

- *Vater:* 1. Korinther 8,6
- *Du bist gut:* Psalm 31,20
- *Ich brauche Hilfe:* Hebräer 13,6
- *Sie brauchen Hilfe:* 1. Timotheus 2,1
- *Danke:* Psalm 100,4
- *Im Namen Jesu. Amen.:* Johannes 14,13–14

Welche Zeilen oder Gedanken im Hosentaschengebet lassen einen Zusammenhang mit den Worten erkennen, die von den oben genannten Personen der Bibel gebetet wurden?

Verweilen

Nutzen Sie diese Zeit, um mit Gott ehrlich darüber zu sprechen, wo Sie mit Ihrem Gebetsleben heute stehen und wo Sie gern hinmöchten. Hier einige Gedanken, die Ihnen den Einstieg erleichtern:

Vater: Du bist ein Vater, der mit seinem Kind reden will.
Du bist gut: Dein Sohn hat uns ein vollkommenes Beispiel dafür gegeben, wie wir beten sollen.
Ich brauche Hilfe: Ich möchte beten, wie Jesus gebetet hat. Bitte hilf mir, mehr so zu beten wie er. Bitte nimm alles weg, was mich vom Gebet abhält. (Sagen Sie Gott, was Sie hindert – Zweifel, Ablenkung, Geschäftigkeit.)
Sie brauchen Hilfe: Herr, ich bringe dir auch andere, die ich liebe, und ihr Gebetsleben. (Nennen Sie Gott bestimmte Namen.)
Danke: Danke, dass du mich beten lehrst und dass du ein Gott bist, der von uns hören und mit uns sprechen möchte.
Im Namen Jesu. Amen.

Hingeben
- Bitten Sie Jesus, Sie zu lehren, mit mehr Tiefgang, kraftvoller, besser und öfter zu beten.

- Bitten Sie einen guten Freund oder eine gute Freundin, dafür zu beten, dass Gott dieses Buch gebraucht, um Ihr Gebetsleben zu stärken und zu bereichern.
- Schreiben Sie sich das Hosentaschengebet auf, und legen Sie es an einen Platz, wo Sie es jeden Morgen als Erstes sehen.
- Lernen Sie eine Bibelstelle aus diesem Kapitel auswendig. Es könnte das Gebet Jesu aus Lukas 11,2–4 sein oder vielleicht entscheiden Sie sich auch für Johannes 15,7: „Wenn ihr in mir bleibt und meine Worte in euch bleiben, könnt ihr bitten, um was ihr wollt: Eure Bitte wird erfüllt werden" (Johannes 15,7; NGÜ).

Kapitel 2: Vater ... Papa ...

Personalisieren

1. „Ein Gebet beginnt immer mit einem ehrlichen, tief empfundenen ‚Ach, Papa'", so wie Jesus es uns gelehrt hat. „Unser Vater im Himmel ..." (Matthäus 6,9; WD). Im Originaltext steht hier das aramäische Wort *Abba*, das eine besondere Nähe ausdrückt. Aber das ist vielleicht nicht die Art von Vater, die Sie vor sich sehen, wenn Sie an Gott denken.
Welche Art von Vaterfigur stellen Sie sich vor, wenn Sie sich Gott nähern, um mit ihm zu reden? Unterstreichen Sie im unten stehenden Text die Zeilen, die am besten zu dem Bild in Ihrem Kopf passen, oder schreiben Sie Ihre Vorstellung mit Ihren eigenen Worten in Ihr Gebetstagebuch.
   - Ein strenger Vater, der enttäuscht von mir ist und mich auf das hinweist, was ich alles falsch mache.
   - Ein Papa, der sich mehr wie ein Freund verhält – liebevoll, aber ohne viel Macht und Weisheit.
   - Ein sehr beschäftigter, unnahbarer Vater, der kaum Zeit für mich hat.

- Ein abwesender oder distanzierter Vater.
- Ein Papa, der mich liebt, wenn ich gut bin, und sich meiner schämt, wenn ich schlecht bin.
- Ein liebevoller Papa, der immer bereit ist, mir zuzuhören und mich zu leiten.
- Sonstiges (beschreiben Sie Ihr Vaterbild mit eigenen Worten).

2. Lesen Sie folgende Bibelverse. Als was für eine Art von Vater wird Gott in ihnen jeweils beschrieben?

Psalm 27,10:

Jesaja 41,10:

Jakobus 1,17:

1. Johannes 4,10:

Wenn Gott für Sie ein liebender Vater ist, welchen Einfluss hat das auf Ihr Gebetsleben? Wenn Sie Gott nicht so sehen, inwiefern bereitet dieses Bild Ihnen Schwierigkeiten?

3. Das Wort „Papa" kratzt an unserem Stolz. Es verweist uns auf unseren Platz und Gott auf seinen. Sie haben gerade unter die Lupe genommen, welche Vorstellung Sie von Gott

haben, wenn Sie beten. Nehmen Sie sich jetzt Zeit, sich selbst zu betrachten. Beten Sie in einer demütigen Haltung, wie ein Kind, und überlassen Sie Gott die Verantwortung, oder sind Sie mehr wie ein Vater oder eine Mutter, der (die) selbst die Verantwortung übernimmt? Erläutern Sie Ihre Antwort.

Reflektieren

1. Zur Zeit des Neuen Testaments liebten es die religiösen Führer, ihre Gebete zu inszenieren und ihre Frömmigkeit öffentlich zur Schau zu stellen. In Matthäus 6, Vers 5 steht: „Und wenn ihr betet, sollt ihr nicht sein wie die Heuchler, die gern in den Synagogen und an den Straßenecken stehen und beten, damit sie von den Leuten gesehen werden. Wahrlich, ich sage euch: Sie haben ihren Lohn schon gehabt" (LÜ). Welche Belohnung meint Jesus Ihrer Ansicht nach?

2. Lesen Sie Matthäus 6,7–8. Erläutern Sie, was diese Verse Ihrer Ansicht nach bedeuten.
Lucado schreibt, dass diese Verse eines deutlich machen: Es kommt beim Gebet auf unsere Herzenshaltung an, nicht darauf, dass wir eine besondere Gebetssprache benutzen oder festen Gebetsritualen folgen. Ist es nicht erleichternd zu wissen, dass wir mit unserem „Papa" einfach so reden

können, wie wir sind, und keine eindrucksvollen Worte gebrauchen müssen? Wie wirkt sich dieses Wissen auf die Art und Weise aus, wie Sie beten?

3. Was verraten die folgenden Verse über das Gebetsleben von Jesus? Welches Thema zieht sich durch diese Texte?

Matthäus 14,23:

Markus 1,35:

Lukas 22,41:

Jesus betonte, dass es wichtig ist, Zeit allein mit Gott zu verbringen, und schlug sogar vor, dass Sie in Ihrer „Kammer" beten. Bedeutet das, dass Sie grundsätzlich nicht öffentlich beten sollten? Erläutern Sie Ihre Gedanken.

4. Unsere Herzenshaltung ist wichtiger als die Art und Weise, wie wir beten, oder der Ort, an dem wir dies tun. Lesen Sie die folgenden Bibelstellen, und notieren Sie, welche Einstellung wir diesen Versen zufolge haben sollten, wenn wir mit Gott sprechen.

1. Timotheus 2,8:

Hebräer 4,16:

2. Chronik 7,14:

Verweilen

Folgen Sie in Ihrer heutigen Gebetszeit den Anweisungen von Jesus (Matthäus 6,6). Suchen Sie sich ein Zimmer, und schließen Sie die Tür ab, damit Sie auch wirklich allein und ungestört sind. Wenn möglich, sollten Sie eine Körperhaltung einnehmen, die zeigt, dass Sie sich Gott unterordnen und hingeben. Das könnte bedeuten, dass Sie knien, den Kopf senken, die Hände öffnen oder irgendeine andere Haltung einnehmen, die symbolisiert, dass Sie sich als Kind betrachten, das von seinem himmlischen Papa umsorgt wird. Hier noch einige Gedanken, die Sie vielleicht in Ihr Gebet aufnehmen möchten:

Vater: Hilf mir, dich als meinen Papa zu sehen, der mich lieb hat und in jeder Situation trägt und erhält.
Du bist gut: Du bist ein liebevoller Papa, der weiß, was das Beste für mich ist.
Ich brauche Hilfe: Bitte hilf mir, das demütige Herz zu haben, das du dir wünschst, wenn ich mit dir rede. Ich bekenne, dass ich nicht immer die Haltung habe, die ich haben sollte.
Sie brauchen Hilfe: Überall auf der Welt denken Leute, dass sie eine bestimmte Art von Mensch sein, sich am rechten Ort

befinden und die richtigen Worte verwenden müssten, um mit dir sprechen zu können. Ich bitte dich, dass du sie vor dem Feind beschützt, der sie daran hindern will, ehrliche, offene Gespräche mit dir zu führen.
Danke: Danke, dass du mir zeigst, wie ich beten kann, und dass du ein geduldiger Papa bist.
Im Namen Jesu. Amen.

Hingeben

- Suchen Sie sich einen Platz in Ihrem Haus, der Ihre „Gebetskammer" sein könnte, einen Rückzugsort, an dem Sie ungestört mit Ihrem Vater sprechen können.
- Nehmen Sie sich doch etwas Zeit, um sich auf Gott als Ihren liebenden Vater zu konzentrieren, bevor Sie mit dem Beten beginnen. Vielleicht möchten Sie ja sogar den Namen „Papa" benutzen, wenn Sie beten.
- Lernen Sie eine Bibelstelle aus diesem Kapitel auswendig, zum Beispiel diese: „Dein Vater, der in das Verborgene sieht, wird dir's vergelten" (Matthäus 6,6; LÜ).

Kapitel 3: Du bist gut

Personalisieren

1. „Gottes Güte gehört zu den Hauptthemen der Bibel." Ist seine Güte auch ein Hauptthema in Ihrem Herzen? Ist Ihnen dieser Wesenszug Gottes im Alltag ständig bewusst oder denken Sie nur gelegentlich und in besonderen Situationen daran? Schauen Sie einmal ehrlich in sich hinein, und entscheiden Sie, welche der unten stehenden Aussagen Ihre Sicht von Gottes Güte am besten beschreiben.

- *Ich vertraue fortwährend darauf, dass Gott gut ist.*
- *Ich glaube, dass Gott gut ist, wenn meine Lebensumstände gut sind.*
- *Ich finde es schwierig, darauf zu vertrauen, dass Gott gut ist.*
- *Mir fällt es leichter, daran zu glauben, dass Gott gut zu anderen ist, als daran, dass er gut zu mir ist.*

- *Ich sage: „Gott ist gut", aber meine Gedanken und mein Handeln bringen oft etwas anderes zum Ausdruck.*
- *Sonstiges* (beschreiben Sie Ihre Sicht mit eigenen Worten).

2. Lucado erzählt die Geschichte, wie er einen Ölwechsel verpatzt hat, weil er zu stolz war, um Hilfe zu bitten. Auch wir machen im Leben oft „unnötig Sauerei", wenn wir versuchen, die Dinge selbst in die Hand zu nehmen, statt darauf zu vertrauen, dass Gott alles unter Kontrolle hat. Denken Sie an eine Situation in Ihrem Leben, als Sie die Dinge selbst in die Hand nahmen, und alles, was dabei herauskam, war „verschüttetes Öl". Warum fiel es Ihnen so schwer, Gott in dieser Situation zu vertrauen?
3. In Psalm 46,11 steht: „Seid stille und erkennet, dass ich Gott bin!" (Psalm 46,11; LÜ). Nehmen Sie sich einen Moment Zeit, um still zu werden. Lesen Sie Psalm 19 und denken Sie dabei über Gottes Güte und Allmacht nach. Streichen Sie alle Worte an, die Ihnen ins Auge fallen. Bitten Sie Gott darum, dass diese Wahrheit Ihr Herz mit Frieden erfüllt.

Reflektieren

1. „Die meisten Menschen denken zu klein von Gott." In Jesaja 55,8–9 nimmt Gott zu dem mangelnden Verständnis Stellung, das die Menschheit von seiner Größe hat. Lesen Sie die beiden Verse und formulieren Sie sie dann aus Ihrer

Perspektive neu. Der erste Vers würde dann beginnen: „Der Herr sagt, dass seine Gedanken nicht meine Gedanken und seine Wege nicht meine Wege sind."

2. Es ist leicht, Gottes Güte aus den Augen zu verlieren oder ihr zu misstrauen. Die Israeliten waren bekannt dafür. Lesen Sie Psalm 106. Was haben die Verse 7, 13 und 21 gemeinsam? Was taten die Israeliten infolgedessen? (Lesen Sie Vers 19.) Wo suchen Sie Hilfe, wenn Sie Gottes Güte vergessen oder an ihr zweifeln? Inwiefern wird diese Person oder Sache dadurch zu einem Götzen?

3. Stress am Arbeitsplatz, Beziehungsprobleme, Krankheit – manchmal scheint diese Welt eher schlecht als gut zu sein. Was sagt die Bibel über Gottes Güte in Zeiten der Not? Nehmen Sie sich ein Blatt Papier oder Ihr Gebetstagebuch, und schreiben Sie die Verheißungen in den unten stehenden Bibelversen so um, dass sie Ihnen persönlich gelten. Den ersten Vers haben wir bereits für Sie umformuliert:

Johannes 16,33: *Jesus hat die Welt besiegt, damit ich in jeder Lebenssituation durch ihn Frieden habe.*

Psalm 9,10:

Jesaja 46,9–10:

Matthäus 10,29–31:

4. „Bevor Sie der Welt gegenübertreten, sollten Sie erst einmal Ihrem Vater gegenübertreten." Das ist der Schlüssel, um unablässig von der Güte Gottes umgeben zu sein. Die Welt und der Widersacher Gottes kämpfen ständig darum, in diese „Bevor"-Position zu gelangen. Aber lassen Sie uns wie König David sein, der in Psalm 16 geschrieben hat: „Ich habe den Herrn stets vor Augen. Weil er mir zur Seite steht, werde ich nicht zu Fall kommen. Deshalb ist mein Herz voll Freude und ich kann aus tiefster Seele jubeln" (Verse 8–9; NGÜ). Wie würde es praktisch aussehen, wenn auch Sie Gott in Ihrem Alltagsleben „stets vor Augen" hätten? Oder sich bewusst wären, dass er immer bei Ihnen ist, wie es in der „Neues Leben"-Bibelübersetzung heißt?

Verweilen

Nehmen Sie sich heute eine Extraportion Zeit, um sich bewusst auf die Wahrheit einzulassen, dass Gott gut ist. Sagen Sie ihm, welche seiner Charaktereigenschaften Sie besonders lieben, und danken Sie ihm für die vielen guten Dinge, die er für Sie getan hat.

Vater: Du bist ein guter Papa.
Du bist gut: (Sagen Sie ihm, wie und wodurch Sie in Ihrem Leben seine Güte erleben.)
Ich brauche Hilfe: Hilf mir, mich in schwierigen und in guten Zeiten an deine Güte zu erinnern.

Sie brauchen Hilfe: (Beten Sie für Menschen, von denen Sie wissen, dass sie nicht auf Gottes Güte vertrauen.)
Danke: Danke, dass du immer gut bist, unabhängig davon, welche Lügen ich über dich höre oder wie sehr ich selbst an deiner Güte zweifele. Du bist derselbe gestern, heute und in Ewigkeit. Im Namen Jesu. Amen.

Hingeben

- Lucado schreibt: „Ein Hauch von Gottes Güte verändert uns." Nehmen Sie sich in dieser Woche jeden Morgen nach dem Aufwachen etwas Zeit, um zu beten. Schreiben Sie dann am Ende jeden Tages in Ihr Tagebuch, was sich verändert hat (Ihre Stimmung, Ihre Sorgen, Ihr Blickwinkel), weil Sie Zeit mit Gott verbracht haben, bevor Sie in den Tag gestartet sind.
- Lassen Sie sich jeden Mittag von der Weckfunktion Ihres Handys daran erinnern, einen Moment lang den Blick von der Welt abzuwenden und Gott dafür zu danken, dass er alles in seiner liebevollen Hand hält. Wiederholen Sie das Hosentaschengebet, wenn der Wecker klingelt.
- Lernen Sie einen passenden Bibelvers für dieses Kapitel auswendig, zum Beispiel Psalm 34,9: „Probiert es aus und erlebt selbst, wie gut der Herr ist!" (Hfa).

Kapitel 4: Ich brauche Hilfe

Personalisieren

1. „Der Kernpunkt ist klar: Bringen Sie Ihre Probleme zu Jesus." Wenn Sie mit einem Problem konfrontiert werden, an wen wenden Sie sich damit gewöhnlich? Welche der unten stehenden Möglichkeiten trifft am ehesten auf Sie zu?

- *Ich gehe mit meinem Problem sofort zu einem(r) Angehörigen oder Freund(in).*
- *Ich versuche, es selbst zu lösen, weil ich niemandem davon erzählen will.*
- *Ich wende mich damit an Jesus.*
- *Ich gehe ins Internet und suche dort nach Antworten.*
- *Ich versuche, es zu ignorieren, indem ich fernsehe oder mich in sozialen Netzwerken bewege.*
- *Sonstiges* (beschreiben Sie Ihr Verhalten in eigenen Worten).

2. „Macht euch um nichts Sorgen, sondern vertraut eure Bitten, Sorgen und Nöte eurem himmlischen Vater an. Nur vergesst eines nicht: Seid für alles dankbar, und der Friede Gottes, der unsere Vorstellungskraft übersteigt, wird eure Herzen und eure Gedanken in Jesus Christus bewahren" (Philipper 4,6–7; WD). Welche Aussage dieses Textes finden Sie besonders schwer zu glauben? Warum?
3. Lesen Sie die Geschichte, wie Jesus Wasser in Wein verwandelt hat (Johannes 2,1–12). Beschreiben Sie mit eigenen Worten, was Maria getan hat (Verse 3–5).
Überlegen Sie nun, wie Sie Marias Verhalten auf Ihr eigenes Leben übertragen könnten. Welche Sorge oder welches Problem belastet Sie gerade? Bringen Sie dieses Anliegen zu Gott und legen Sie es in seine Hand. Denken Sie daran: „Ein Problem, für das nicht gebetet wird, ist wie ein Dorn, der unter unserer Haut sitzt."

Reflektieren

1. Pastor Dale Galloway sagt: *„Lass los und lass Gott machen!"* Denken Sie, das heißt, dass wir nicht mehrmals mit derselben Bitte zu Gott kommen dürfen? Warum oder warum nicht?
2. Lesen Sie Lukas 18,1–8. Konzentrieren Sie sich auf Vers 1. Schreiben Sie mit eigenen Worten auf, was dort steht. Ob Sie eine Bitte nun ein Mal vorbringen wie Maria oder mehrere Male wie die Witwe: Beim Gebet geht es im Grunde

um die Beziehung, die dadurch zwischen Ihnen und Ihrem himmlischen Vater entsteht.
3. Lesen Sie 1. Petrus 5,7 und beenden Sie den Satz: „Ladet alle eure Sorgen bei Gott ab, denn _____." Wodurch unterscheidet sich diese Aussage von der folgenden Behauptung: „Ladet alle eure Sorgen bei Gott ab, denn er wird euch von all euren Problemen befreien"? Welche Aussage ist tröstlicher für Sie? Warum?
4. Lesen Sie Matthäus 6,25–34. Was sagt jeder der folgenden Verse zum Thema „Sorgen"?

Vers 30:

Vers 31:

Vers 32:

Vers 33:

Vers 34:

Verweilen

Verbringen Sie Zeit mit Jesus, und bringen Sie ihm alles, was Sie belastet. Nehmen Sie sich anschließend Zeit, um einfach still in Gottes Gegenwart zu sein, und hören Sie auf seine tröstende Stimme.

Vater: Weil du mein Papa bist, kümmerst du dich um meine Probleme, und du kannst eine Lösung dafür finden.

Du bist gut: Selbst in schwierigen Situationen vertraue ich darauf, dass du ein guter Papa bist und einen sinnvollen Plan für mein Leben hast. Du wirst dafür sorgen, dass auch diese Probleme zu meinem Besten dienen.

Ich brauche Hilfe: (Sagen Sie Ihrem Vater, was Sie belastet.)

Sie brauchen Hilfe: (Erzählen Sie ihm auch von den Problemen Ihrer Mitmenschen.)

Danke: Danke, dass du dich um meine Probleme kümmerst und dass du mein Gebet hörst.

Im Namen Jesu. Amen.

Hingeben

- Wenn ein Problem auftaucht: Bringen Sie es sofort zu Jesus, bevor Sie bei jemand oder etwas anderem Hilfe suchen.
- Führen Sie weiterhin Ihr Gebetstagebuch. Notieren und datieren Sie Ihre persönlichen Gebetsanliegen, damit Sie später zurückblättern und sehen können, wie Gott sie beantwortet hat.
- Lernen Sie eine Bibelstelle aus diesem Kapitel auswendig. 1. Petrus 5,7 ist ein großartiger Vers: „Alle eure Sorge werft auf ihn; denn er sorgt für euch" (LÜ).

Kapitel 5: Heile mich

Personalisieren

1. „Mein Gott, mein Gott, warum hast du mich verlassen?" (Psalm 22,2; Hfa).
   „Der Herr ist mein Hirte, mir wird nichts mangeln" (Psalm 23,1; LÜ).
   Welcher dieser Verse beschreibt eher, was Sie empfinden, wenn Sie schwierige Zeiten durchmachen? Warum? Welche anderen Bibelverse drücken aus, wie Sie sich fühlen, wenn Sie leiden?
2. Lucado schreibt: „Er wird Sie heilen – sofort oder schrittweise oder irgendwann in der Zukunft." Schreiben Sie auf, wann Jesus Sie einmal schrittweise geheilt hat. Vielleicht geschieht das gerade jetzt. Was lehrt eine schrittweise Heilung von einer körperlichen, seelischen oder geistlichen Schwäche Sie über sich selbst und über Gott?
3. Lesen Sie Offenbarung 21,1–4. Welche Gefühle löst diese Beschreibung des Himmels in Ihnen aus? Wie wirkt sich der Gedanke an den Himmel auf Ihr Alltagsleben aus?

Reflektieren

1. Lesen Sie das Gebet der Blinden vor der Stadt Jericho: „Herr, du Sohn Davids, hab Erbarmen mit uns!" (Matthäus 20,30; Hfa). Welcher Bestandteil dieses Gebets fällt Ihnen besonders ins Auge? Welche Bedeutung haben die Titel, die die blinden Männer Jesus gegeben haben?
2. Die Bibel macht deutlich: „Bei Gott ist kein Ding unmöglich" (Lukas 1,37; LÜ). Aber sie ermutigt uns auch zu lernen, „in allen Lebenslagen mit sehr wenig auszukommen" (Philipper 4,12; WD). Erklären Sie, wie es möglich ist zu glauben, dass Gott Sie heilen kann, und dennoch zufrieden zu sein, wenn Sie nicht geheilt werden. Falls Sie diesem Gedanken nicht zustimmen, erläutern Sie bitte Ihren Standpunkt.
3. „Ihr Leid ist Ihre Predigt." Diese Aussage von Max deckt sich mit der Aussage der Bibel. Lesen Sie die folgenden Verse, und überlegen Sie dann, welche möglichen Gründe jeder dieser Verse nennt, warum Gott Krankheit und Leid zulassen könnte.

Jesaja 48,10:

2. Korinther 12,9:

Jakobus 1,2–4:

4. „Gegenüber dem unvergleichlichen Gewinn, dass Jesus Christus mein Herr ist, hat alles andere seinen Wert verloren. Um Christus allein geht es mir. Ihn will ich immer besser kennenlernen und die Kraft seiner Auferstehung erfahren, aber auch seine Leiden möchte ich mit ihm teilen und seinen Tod mit ihm sterben. Dann werde ich auch mit allen, die an Christus glauben, von den Toten auferstehen" (Philipper 3,8–11; Hfa). Warum schrieb Paulus, dass er die Leiden Christi mit ihm teilen wollte? Was verrät uns dies über seine Beziehung zu Jesus?

Verweilen

Sprechen Sie während Ihrer Zeit mit Gott über die Dinge, die Ihnen gerade Sorgen bereiten, und erzählen Sie ihm auch von den Problemen anderer. Machen Sie es wie die beiden Blinden: Erklären Sie ihn zum Herrn über die Umstände und bitten Sie um sein Erbarmen.

Vater: Wenn ich zu dir schreie, hältst du inne, ebenso wie die beiden Blinden Jesus vor der Stadt Jericho dazu brachten, stehen zu bleiben. Danke, dass ich dir nicht gleichgültig bin.
Du bist gut: Du bist gut, egal, ob ich gesund bin oder krank. Ich glaube daran, dass du der Heiler bist.
Ich brauche Hilfe: Bitte heile mich von _____
_____. (Nennen Sie hier ein Problem, das Ihnen heute zu schaffen macht.)

Sie brauchen Hilfe: Bitte heile _____.
(Setzen Sie hier die Namen der Personen ein, von denen Sie wissen, dass sie krank sind.)
Danke: Danke, dass du als Mensch auf diese Erde kamst und deshalb weißt, was Leiden heißt.
Im Namen Jesu. Amen.

Hingeben

- Schicken Sie jemandem in Ihrem Bekanntenkreis, dem es gerade in körperlicher, seelischer oder geistlicher Hinsicht schlecht geht, einen ermutigenden kleinen Gruß.
- Schreiben Sie ein Beispiel aus Ihrem eigenen Leben in Ihr Gebetstagebuch, in dem es darum geht, wie Gott Sie von seelischem oder körperlichem Leid geheilt hat, und danken Sie ihm für seine Treue. Bitten Sie ihn dann, Ihnen zu zeigen, ob es Probleme in Ihrem Leben gibt, die Sie ihm noch nicht anvertraut haben. Wenn Ihnen etwas einfällt, dann schreiben Sie es auf, und fangen Sie an, im Gebet mit ihm über diese „Wunden" zu sprechen.
- Lernen Sie Jesaja 53,5 auswendig: „Er wurde blutig geschlagen, weil wir Gott die Treue gebrochen hatten; wegen unserer Sünden wurde er durchbohrt. Er wurde für uns bestraft – und wir? Wir haben nun Frieden mit Gott! Durch seine Wunden sind wir geheilt" (Hfa).

Kapitel 6: Vergib mir

Personalisieren

1. Schuldgefühle lösen im Wesentlichen zwei ungesunde emotionale Reaktionen aus. Welche sind das? Zu welcher dieser Reaktionen neigen Sie persönlich? Mit welchen anderen ungesunden Folgen von Schuld haben Sie zu kämpfen?
2. Lucado vergleicht die Schuldgefühle, die auf unser Fehlverhalten zurückgehen, mit Tätowierungen, von denen wir wünschen, wir hätten sie niemals stechen lassen. Welches „Schuld-Tattoo" soll Gott heute bei Ihnen entfernen? An welcher Sünde haben Sie schon viel zu lange festgehalten?
3. Beschreiben Sie, was sich ändern würde, wenn Sie nicht nur glauben würden, dass Sie frei von Schuld sind, sondern tatsächlich auch so leben würden. Wie würde sich das auf Ihre Beziehungen, Ihr Selbstwertgefühl und Ihre Lebensziele auswirken?

Reflektieren

1. Lesen Sie den Bericht über den Versöhnungstag in 3. Mose 16. Welche Verse finden Sie besonders wichtig und warum? Die Bibel spricht davon, dass Jesus unser Opferlamm geworden ist (Hebräer 10,10; Römer 3,25). Hat das, was Sie über den Versöhnungstag lesen, einen Einfluss darauf, wie Sie Jesus als Ihr persönliches Opferlamm verstehen? Wenn ja, inwiefern?
2. Lesen Sie Hebräer 10,8–10. Füllen Sie nun die Leerstelle aus: „Er hat mit seinem Tod am Kreuz diesen Willen Gottes erfüllt; und deshalb gehören wir durch sein Opfer _____ zu Gott" (Hfa). Warum ist es wichtig, sich die Wendung „ein für alle Mal" vor Augen zu halten, wenn Sie an Ihr Fehlverhalten denken? Wie kann sie die mit Sünde einhergehenden Schuldgefühle lindern?
3. Wenn Menschen an ihrer Schuld festhalten, statt sie an Gott abzugeben, werden sie ihrer Freiheit beraubt und sind von Neuem unfrei. Lesen Sie Psalm 103,12–14 laut, und personalisieren Sie die Verse, indem Sie die Pronomen verändern, sodass sie sich auf Sie selbst beziehen (zum Beispiel: „So fern, wie der Osten vom Westen liegt, so weit wirft Gott meine Schuld von mir fort"). Lassen Sie die Wahrheit dieser Verse direkt zu Ihrem Herzen sprechen.

So fern, wie der Osten vom Westen liegt, so weit wirft Gott unsere Schuld von uns fort!

Wie ein Vater seine Kinder liebt, so liebt der Herr alle, die ihn ehren. Denn er weiß, wie vergänglich wir sind; er vergisst nicht, dass wir nur Staub sind (Psalm 103,12–14; Hfa).

4. Lesen Sie die folgenden Bibelstellen und notieren Sie sich, was sie über Ihre Identität als Nachfolger von Jesus Christus aussagen.

2. Korinther 5,17:

Galater 4,7:

Galater 2,20:

Verweilen

Beten Sie in dieser Zeit, die Sie mit Jesus verbringen, „konkret. Sprechen Sie so viele Einzelheiten an, wie Sie können". Und: „Halten Sie an diesem Gebet fest."

Vater: Du weißt, dass ich schwach bin.
Du bist gut: Du stehst treu zu deinem Wort und bist jederzeit bereit, mir zu vergeben, auch wenn ich mir selbst nicht vergebe.
Ich brauche Hilfe: (Bekennen Sie Gott jedes Fehlverhalten, das Sie bedrückt. Seien Sie konkret.)
Sie brauchen Hilfe: (Sprechen Sie mit Gott über Ihre Bekannten, die Schuld auf sich geladen haben.)

Danke: Danke dafür, dass Jesus am Kreuz für mich gestorben ist und so für alle Sünden meiner Vergangenheit, Gegenwart und Zukunft gezahlt hat.
Im Namen Jesu. Amen.

Hingeben

- Wenn Sie noch nicht damit begonnen haben, ein Gebetstagebuch zu führen, sollten Sie diese Woche damit anfangen. Wenn Sie wegen eines Fehlverhaltens Schuldgefühle bekommen, dann schreiben Sie das in Ihr Tagebuch, und bitten Sie um Vergebung. Das Aufschreiben kann Ihnen dabei helfen, eine Schuld ins Licht Gottes zu bringen und seiner Gnade auszusetzen.
- Wenn es jemanden in Ihrem Leben gibt, dem Sie vergeben müssen, dann bitten Sie Gott, Ihnen dabei zu helfen, diesem Menschen zu vergeben, so wie er Ihnen jederzeit vergibt.
- Lernen Sie 1. Johannes 1,9 auswendig: „Wenn wir aber unsere Sünden bekennen, dann erfüllt Gott seine Zusage treu und gerecht: Er wird unsere Sünden vergeben und uns von allem Bösen reinigen" (Hfa).

Kapitel 7: Sie brauchen Hilfe

Personalisieren

1. Wenn andere mit einem Problem zu Ihnen kommen, wie reagieren Sie gewöhnlich darauf:

   - *Ich gebe ihnen Ratschläge.*
   - *Ich jammere gemeinsam mit ihnen über das Problem.*
   - *Ich bete mit ihnen.*
   - *Ich sage ihnen, dass ich für sie beten werde, aber ich tue es meist nicht.*
   - *Ich höre ihnen zu, aber dann wechsle ich schnell das Thema.*
   - *Sonstiges* (beschreiben Sie Ihre Reaktion mit eigenen Worten).

2. Falls „Ich bete mit ihnen" nicht Ihre typische Reaktion ist: Erklären Sie, was Sie daran hindert, mit Ihren Freunden und Angehörigen zu beten (Zweifel an Gott, Enttäuschung über mangelnde Ergebnisse, das Gefühl der eigenen Unzulänglichkeit, sonstige Hindernisse).

3. Lucado schreibt: „Nichts freut Jesus so sehr wie kühner Glaube, der Großes von ihm erwartet." Welche Person müssen Sie Jesus heute mit kühnem Glauben anvertrauen? Schreiben Sie ein mutiges Gebet für jemanden in Ihr Gebetstagebuch, dessen Zukunft trostlos erscheint. Kühne Gebete machen Gott Ehre.

Reflektieren

1. Lesen Sie Römer 8,34 und Hebräer 7,25. Was tut Jesus diesen Versen zufolge für Sie?
2. Lucado sagt, Unglaube sei „der Versuch, anderen zu helfen, ohne von Jesus beauftragt zu sein", und dass der Unglaube der Jünger Jesus erschütterte. Es ist eine der wenigen Situationen, in denen sich Jesus enttäuscht zeigte. Lesen Sie Hebräer 11,6. Wie unterscheidet sich diesem Vers zufolge Gottes Reaktion auf Ihren Glauben von Jesu Reaktion auf den Unglauben der Jünger? Lesen Sie Markus 9,24. Welchen Hinweis gibt Ihnen dieser Vers darauf, was Sie tun können, wenn Sie nicht genug Glauben haben?
3. Lesen Sie noch einmal die Geschichten über den bittenden Freund und die hartnäckige Witwe (Lukas 11,5–13 und Lukas 18,1–8). Diese Geschichten betonen, wie wichtig es ist, hartnäckig, treu und leidenschaftlich zu beten. Passt diese Art des Gebets zu der schnelllebigen Gesellschaft, in der wir heute leben? Erläutern Sie mögliche Diskrepanzen.

4. Lesen Sie die folgenden Bibelverse. Was sagen sie über die Kraft des Gebets aus? Notieren Sie sich (zum Beispiel in Ihrem Gebetstagebuch), welche Verheißung jede dieser Textstellen gibt.

Jakobus 5,16:

Matthäus 21,21–22:

Johannes 14,13–14:

Verweilen

Verbringen Sie heute den größten Teil Ihrer Zeit mit Jesus damit, für andere zu beten. Beginnen Sie damit, dass Sie Gott bitten, Ihnen die Menschen zu zeigen, für die Sie beten sollen. Achten Sie darauf, ob er Ihnen Möglichkeiten zeigt, wie Sie sie ermutigen können.

Vater: Du liebst auch diese Menschen und willst nur ihr Bestes. Darum kann ich dir vertrauen.
Du bist gut: Du hast einen Plan für die Menschen, die ich heute zu dir bringe.
Ich brauche Hilfe: Ich kreise so oft nur um mich selbst. Bitte hilf mir, mehr an andere zu denken und für sie zu beten.
Sie brauchen Hilfe: (Nennen Sie Gott die Namen und Nöte der Betreffenden.)

Danke: Danke für das Geschenk, beten zu dürfen, und dafür, dass mein Gebet die Kraft hat, dich dazu zu bringen, deine Strategie zu ändern.
Im Namen Jesu. Amen.

Hingeben

- Schicken Sie in dieser Woche jemandem eine Textnachricht, eine E-Mail oder einen Brief, und fragen Sie sie oder ihn, wie Sie konkret für sie bzw. ihn beten können.
- Wenn in dieser Woche ein Freund oder Familienmitglied mit einem Problem zu Ihnen kommt, dann beten Sie doch einmal mit ihm bzw. ihr, bevor Sie Ratschläge erteilen.
- Lernen Sie Lukas 11,10 auswendig: „Denn wer bittet, der bekommt. Wer sucht, der findet. Und wer anklopft, dem wird geöffnet" (Hfa).

Kapitel 8: Danke

Personalisieren

1. „Mehr als hundertmal werden wir in der Bibel dazu aufgefordert, dankbar zu sein, sei es in Form eines ausdrücklichen Befehls oder in Form eines Beispiels. Wenn Quantität ein Gradmesser für Relevanz ist, dann nimmt Gott Dankbarkeit sehr ernst." Messen Sie der Dankbarkeit dieselbe Bedeutung bei wie anderen Geboten Gottes – zum Beispiel dem Gebot, Ihren Nächsten zu lieben oder Ihren Feinden zu vergeben? Wenn ja, warum? Wenn nicht, warum nicht?
2. Satan köderte Eva mit dem Hinweis auf die eine Sache, die sie nicht haben konnte. Sein raffinierter Hinweis, dass sie mehr haben könnte, führte zu Undankbarkeit. Wann schenken Sie der Stimme der Undankbarkeit Gehör, die Sie damit ködert, dass Sie mehr haben könnten? Wenn Sie einkaufen, wenn Sie fernsehen, wenn Sie sich mit Ihrem Nachbarn bzw. Ihrer Nachbarin vergleichen?
3. Für welche Geschenke – wie klein oder groß sie sein mögen – sind Sie heute dankbar? Was bewirkt Ihre Dankbarkeit

in Ihnen? Wie wirkt sie sich auf Ihr Gebetsleben aus? Zu welchen Handlungen veranlasst sie Sie?

Reflektieren

1. Die unten stehenden Verse weisen auf einige Gründe hin, warum wir manchmal in Undankbarkeit verfallen. Beschäftigen Sie sich mit einigen der Hindernisse, die unserer Dankbarkeit im Wege stehen, oder schreiben Sie diese in Ihr Gebetstagebuch.

5. Mose 8,11–14:

Psalm 73,2–4:

Psalm 77,7–10:

2. Lesen Sie Lukas 17,11–19. Warum haben die anderen neun Aussätzigen Jesus wohl nicht für ihre Heilung gedankt?

3. Welcher Grundgedanke ist den unten stehenden Versen gemeinsam?

Psalm 77,12 (Hfa): „Ich erinnere mich an deine großen Taten, Herr, und denke an die Wunder, die du einst vollbracht hast."

1. Korinther 11,24 (Hfa): „Das ist mein Leib, der für euch hingegeben wird. So oft ihr dieses Brot esst, denkt an mich und an das, was ich für euch getan habe!"

Jona 2,7 (LÜ): „Als meine Seele in mir verzagte, dachte ich an den Herrn."

Wie könnten die folgenden Worte uns vor Undankbarkeit schützen? „Das Heilmittel gegen Undankbarkeit? Schauen Sie nach oben. Sehen Sie die tote Schlange auf der Stange an. Erheben Sie den Blick! Schauen Sie auf das, was Gott getan hat!"

4. Lesen Sie 1. Thessalonicher 5,16–18. Wie wichtig ist es Gott diesem Abschnitt zufolge, dass wir in einer Haltung der Dankbarkeit leben? Wie schaffen wir es, unablässig zu beten?

Verweilen
Nennen Sie Gott in der Zeit, die Sie mit ihm verbringen, die Dinge, für die Sie ihm dankbar sind.

Vater: Du bist ein Vater, der es liebt, seinen Kindern Geschenke zu machen.
Du bist gut: Alles Gute kommt von dir und du kannst jedes Problem zu meinem Besten dienen lassen.

Ich brauche Hilfe: Hilf mir, mich daran zu erinnern, dankbar zu sein. Es ist so leicht, sich zu beklagen.
Sie brauchen Hilfe: Hilf den Menschen in meinem Umfeld, mehr auf ihre Segensgeschenke als auf ihre Nöte zu schauen.
Danke: (Sagen Sie ihm, wofür Sie ihm heute dankbar sind.)
Im Namen Jesu. Amen.

Hingeben

- Schreiben Sie Ihr eigenes Dankbarkeits-ABC auf.
- Sagen Sie jemandem, warum Sie gerade für ihn oder sie dankbar sind.
- Lernen Sie 1. Thessalonicher 5,16–18 auswendig: „Freut euch zu jeder Zeit! Hört niemals auf zu beten. Dankt Gott für alles. Denn das erwartet Gott von euch, weil ihr zu Jesus Christus gehört" (Hfa).

Kapitel 9: Im Namen Jesu. Amen.

Personalisieren

1. Mithilfe von Bibelversen und einer fiktiven dämonischen Strategiebesprechung erinnert uns Lucado daran, welche Kraft Gebete besitzen, die im Namen Jesu gesprochen werden.

    Ein Gebet im Namen Jesu setzt Gottes Arm in Bewegung. Seien Sie ehrlich: Wie wirkungsvoll sind Ihre Gebete Ihrer Ansicht nach? Welche der unten stehenden Aussagen beschreibt am ehesten, wie Sie die Macht Ihrer Gebete einschätzen? Erläutern Sie Ihre Antwort.

    - *Meine Gebete scheinen überhaupt keine Macht zu haben. Ich denke oft, sie bleiben an der Zimmerdecke hängen.*
    - *Manchmal habe ich den Eindruck, dass Gott auf meine Gebete antwortet.*
    - *Ich weiß, dass Gott meine Gebete hört und auf sie reagiert.*
    - *Sonstiges* (beschreiben Sie Ihre Einschätzung mit eigenen Worten).

2. Haben Sie einem Menschen oder einer Sache zu viel Macht über Ihr Leben eingeräumt? Haben Sie jemand oder etwas anderem als Gott gestattet, Ihre Einstellung zu bestimmen, Ihre Entscheidungen zu kontrollieren, Ihre Gedanken zu beherrschen? Wenn dies der Fall ist, sollten Sie mit Gott darüber sprechen.
3. Dass wir mit der höchsten Autorität im Universum sprechen dürfen, ist ein riesiges Geschenk, aber das gerät in dieser chaotischen Welt leicht in Vergessenheit. Schreiben Sie ein paar Möglichkeiten auf, wie Sie sich selbst an dieses Geschenk erinnern können, damit Sie häufiger und ernsthafter beten.

Reflektieren

1. Lesen Sie die folgenden Bibelverse, und achten Sie darauf, welche Namen dort jeweils für Jesus gebraucht werden:

Johannes 8,12:

Johannes 11,25:

Johannes 1,29:

Matthäus 1,23:
2. Lesen Sie Matthäus 28,18, Philipper 2,9 und Kolosser 1,15–17. Was haben diese Verse gemeinsam? Welche Worte oder

Formulierungen machen Ihrer Ansicht nach besonders deutlich, welche Autorität Jesus besitzt?
3. Schauen Sie sich Matthäus 28,19-20 und Römer 8,10-11 an. Was sagen diese Verse über die Nähe Jesu zu seinen Nachfolgern aus? Welche Schlussfolgerungen können Sie angesichts der Autorität Christi und der Tatsache, dass er bei seinen Jüngern ist und in ihnen lebt, über diejenigen ziehen, die an ihn glauben (Epheser 1,19-20)?
4. In Johannes 16,23 steht: „Ich bitte euch noch einmal, darauf zu vertrauen: Worum ihr den Vater bitten werdet in meinem Namen, das wird er euch geben" (WD). Konzentrieren Sie sich auf die drei Worte „in meinem Namen". Was bedeutet es wirklich, im Namen Jesu zu beten? Sollte die Vorstellung, dass wir im Namen Jesu beten, einen Einfluss auf die Bitten haben, die wir im Gebet vorbringen? Wenn ja, inwiefern?

Verweilen

Richten Sie während dieser Gebetszeit Ihre Aufmerksamkeit auf die Autorität Christi. Sagen Sie ihm, wie herrlich und mächtig er ist, und unterstellen Sie Ihr ganzes Leben seiner Herrschaft.

Vater: Du hast alles unter Kontrolle.
Du bist gut: Du regierst voller Barmherzigkeit, Güte, Liebe und Gerechtigkeit. (Denken Sie eine Zeit lang über seine Macht

nach, und benennen Sie einige Indizien, die darauf hinweisen, dass er ein guter König ist.)
Ich brauche Hilfe: Hilf mir, dir jeden Bereich meines Lebens anzuvertrauen. (Bei welchen Bereichen oder Problemen ist das noch nicht der Fall?)
Sie brauchen Hilfe: (Sprechen Sie mit ihm über Familienmitglieder, Freunde oder Kollegen, die noch nicht Teil von Gottes Familie sind.)
Danke: Danke für deine Herrschaft und dein Königreich, die niemals enden werden.
Im mächtigen Namen Jesu. Amen.

Hingeben

- Finden Sie drei Namen oder Beschreibungen, die Jesus für sich selbst im Neuen Testament gebraucht, und schreiben Sie sie auf. Benutzen Sie beim Beten diese unterschiedlichen Namen, um sich selbst an all das zu erinnern, was Jesus Christus ist.
- Nehmen Sie sich Zeit, um die Gebetsanliegen durchzugehen, die Sie in den vergangenen Tagen und Wochen aufgeschrieben haben. Hat Gott schon auf Ihre Anliegen geantwortet? Wenn ja, wie?
- Lernen Sie Matthäus 1,21 auswendig: „Sie wird einen Sohn zur Welt bringen, dem du den Namen Jesus geben sollst. Dieser Name besagt, dass er es ist, der sein Volk von seiner Schuld befreien wird" (WD).

Persönliche Gebetsstärken

Von David Drury

Liebe Leserinnen und Leser,
wie Sie gerade in „Vater unser ... Die verändernde Kraft eines einfachen Gebets" gelesen haben, lassen sich viele Gebete in der Bibel auf ein paar klare, einprägsame Zeilen herunterbrechen. Ein lebensveränderndes Gespräch mit Gott kann so beginnen:

Vater,
du bist gut.
Ich brauche Hilfe. Heile mich und vergib mir.
Sie brauchen Hilfe.
Danke.
Im Namen Jesu. Amen.

Viele Christen sind etwas unglücklich mit ihrem Gebetsleben und zweifeln daran, ob ihre Gebete tatsächlich etwas bewirken. Wir wünschten, wir würden öfter – oder leidenschaftlicher – beten. Wir haben das Gefühl, dass andere Christen echte Gebetsexperten sind, wir hingegen blutige Anfänger. Wenn wir uns die Gebete in diesem Buch anschauen, können wir schnell vier grundlegende Gebetsstärken identifizieren.

Als Gebetsstärken bezeichne ich die Gebetszugänge, zu denen wir von Natur aus neigen – Zugänge, die unserem Wesen und unserer Persönlichkeit entsprechen und mit denen wir uns besonders gut identifizieren können. Jede der vier Gebetsstärken korrespondiert mit einem Kernpunkt des Hosentaschengebets:

Anbetung: Du bist gut
Vertrauen: Ich brauche Hilfe
Mitgefühl: Sie brauchen Hilfe
Dankbarkeit: Danke

Nachdem Sie Ihre persönliche Gebetsstärke identifiziert haben, werden Sie vielleicht feststellen, dass es Ihnen viel Befriedigung verschafft, in den anderen drei Bereichen zu wachsen, zu denen Sie sich von Natur aus weniger hingezogen fühlen. Wenn Sie Ihre Stärken als Ausgangspunkt für dynamischere Gespräche mit Gott nutzen, wird Ihnen das dabei helfen, immer zuversichtlicher zu beten. Sie werden feststellen, dass Ihre einfachen Gebete große Kraft haben – nicht, weil Sie so gut beten können, sondern weil Gott derjenige ist, der Ihre Gebete hört.

Um Ihre persönliche Gebetsstärke zu identifizieren, können Sie entweder den kurzen Einstufungstest auf beforeamen.com/prayer-assessment (in englischer Sprache) benutzen. Aber Sie können auch nur die nächsten Seiten lesen, um mehr über die unterschiedlichen Gebetsstärken zu erfahren. Auf diese Weise werden Sie Ihrem eigenen Stil auf die Spur kommen und Hinweise dafür bekommen, wie Sie davon ausgehend andere Stärken fördern können.

Anbetung: Du bist gut

Wenn das Ihre große Stärke ist, dann gehören Sie vermutlich zu den Personen, die Gott in jeder Lebenslage preisen. Das Leben hat seine Höhen und Tiefen, aber wenn Ihre persönliche Gebetsstärke die Anbetung ist, dann schauen Sie grundsätzlich auf die Güte Gottes. Sie ruhen in der Gewissheit, dass Gott alles in seiner Hand hat. Wo andere dunkle Wolken sehen, sehen Sie das Licht am Horizont. Sie ignorieren die Fakten keineswegs, aber Sie richten Ihren Fokus nicht darauf. Sie halten immer Ausschau danach, was Gott in schwierigen und in guten Zeiten tut.

Anzubeten bedeutet, auf Gott hinzuweisen. So wie jemand, der eine gute Leistung vollbracht oder ein Ballspiel gewonnen hat, in den Himmel zeigt, um Gott die Ehre zu geben, möchten Sie, dass Ihr ganzes Leben Gott ehrt und rühmt.

Wenn Anbetung Ihre Gebetsstärke ist, sind Sie von der Güte Gottes überzeugt, und Sie teilen diese Gewissheit mit Menschen, die den Mut verloren haben. Wenn Sie beten, genügt es Ihnen vollauf, darüber zu reden, wie gut Gott ist.

Wahrscheinlich singen Sie gern Lobpreislieder, in denen es darum geht, wie Gott ist, und vielleicht interessieren Sie sich für die Namen Gottes oder die Eigenschaften, die ihn beschreiben.

Biblischer Gebetspartner

Daniel wäre ein guter biblischer Gebetspartner für Sie, da er einer der großen Gebetshelden der Bibel ist. Im 2. Kapitel des Buches Daniel lesen wir, dass Gott ihm eines Nachts eine Vision schenkte: „In der Nacht hatte Daniel eine Vision und erfuhr, was der Traum bedeutete. Da pries er den Gott des Himmels: ‚Gelobt sei Gott, jetzt und in alle Ewigkeit! Ihm allein gehören Macht und Weisheit'" (Vers 19–20; Hfa).

In den darauf folgenden Versen preist Daniel die Größe Gottes und zählt auf, was er getan hat, um ihm, Daniel, Vollmacht und Weisheit zu schenken. Andere hätten sich vielleicht dadurch, dass sie getrennt von ihren Familien unter lauter Fremden leben mussten, die Gott nicht anbeteten, entmutigen lassen. Aber das hielt Daniel nicht davon ab, Gott für seine Güte zu preisen. Diejenigen, die die Gebetsstärke der Anbetung besitzen, brauchen keine Menschenmassen, um Gott zu loben. Sie preisen Gott ohne Publikum, oft auch in Zeiten der Verfolgung.

Wie Sie auf der Gebetsstärke der Anbetung aufbauen
Anbetung geht oft mit Dankbarkeit einher. Wenn es Ihnen leichtfällt, Gottes Güte zu erkennen, könnte Ihr nächster Schritt darin bestehen, ihm für das, was er getan hat, zu danken. Bauen Sie Ihre *Gebetsstärke der Dankbarkeit* aus, indem Sie darüber nachdenken, was Gott speziell für Sie getan hat. Danken Sie ihm dann dafür.

Sie können auch Ihre *Gebetsstärke des Vertrauens* ausbauen, indem Sie Gott bitten, sich um Ihre gegenwärtigen Nöte zu kümmern – um ein besonderes körperliches oder geistliches Problem zum Beispiel.

Üben Sie sich dann in der *Gebetsstärke des Mitgefühls*, indem Sie über die Schwierigkeiten nachdenken, mit denen Ihre Freunde und Angehörigen zu kämpfen haben. Bitten Sie Gott, ihnen zu helfen, und weisen Sie sie darauf hin, dass er ihnen auch und gerade in ihrer Situation Gutes tun will.

Bibelstellen zur Gebetsstärke der Anbetung
Psalm 34,2 · Psalm 50,23 · Psalm 95,1–3 · Psalm 150,6 · Jesaja 43,2 · 1. Petrus 2,9 · Johannes 4,23–24

Vertrauen: Ich brauche Hilfe

Sie bitten Gott oft um Hilfe und Unterstützung. Auf den ersten Blick mag dies wie eine Schwäche wirken, aber wenn Sie die Gebetsstärke des Vertrauens besitzen, wissen Sie, dass es besser ist, sich auf die Kraft Gottes zu verlassen als auf Ihre eigene Kraft. Das ist eine wunderbare Ausgangsposition für das Gebet. Wenn Sie die Gebetsstärke des Vertrauens haben, sprechen Sie offen über Ihre Schwierigkeiten, jedenfalls mit Gott und vielleicht auch mit Ihren Mitmenschen.

Zu vertrauen bedeutet abzugeben. Wir halten Dinge zurück, wenn wir nicht vertrauen. Aber wenn wir in einer Haltung der Hingabe beten, beten wir als Kinder Gottes, die sich in die Arme ihres barmherzigen Vaters werfen. Andere fragen sich vielleicht, warum Sie Dinge loslassen können, die ihnen selbst so große Probleme bereiten. Die Antwort ist einfach: Sie vertrauen auf Gott.

Aufgrund dieser Gebetsstärke verfügen Sie wahrscheinlich über eine einzigartige Mischung aus Demut und Zuversicht. Sie können demütig sein, weil Sie wissen, dass Sie sich nicht auf Ihre eigene Kraft zu verlassen brauchen. Aber Sie können mutig zum Thron Gottes kommen, weil in der Bibel steht: „Wer an Jesus glaubt, kann sich voll Zuversicht an Gott wenden; denn wenn wir ihn um etwas bitten, was seinem Willen entspricht, erhört er uns" (1. Johannes 5,14; GN).

Biblischer Gebetspartner

Nehemia wäre ein guter biblischer Gebetspartner für Sie. Das Buch Nehemia beginnt mit seinem Gebetstagebuch, und um auf Ihrer Gebetsstärke des Vertrauens aufzubauen, können Sie dem Schema folgen, das er hier vorgibt: Er erinnerte Gott daran, dass er jemand ist, der „in unerschütterlicher Treue zu seinem Bund steht" (Nehemia 1,5; GN), und dass er Israel Verheißungen gegeben hatte. Nehemia wusste, dass er zum König gehen und eine große Bitte vorbringen musste, darum betete er: „Lass mich doch heute Erfolg haben und hilf, dass der König mir gnädig ist!" (Nehemia 1,11; GN). Gestärkt durch dies Gebet und seine vollkommene Hingabe an Gott, trug Nehemia dem König mutig seine Bitte vor: „Sende mich nach Judäa in die Stadt, in der meine Vorfahren begraben liegen. Ich möchte sie wieder aufbauen" (Nehemia 2,5; Hfa).

Wie Sie auf der Gebetsstärke des Vertrauens aufbauen

Gott zu vertrauen geht mit Mitgefühl einher. Wenn Sie es gewöhnt sind, mit Ihren Nöten zu Gott zu kommen, werden Sie automatisch dazu neigen, ihm auch die Bedürfnisse Ihrer

Mitmenschen zu bringen. Steigern Sie Ihre *Gebetsstärke des Mitgefühls*, indem Sie sich angewöhnen, sich für diejenigen einzusetzen, die in Not sind – auch bei Gott. Ihre natürliche Neigung, Gott zu vertrauen, wird auf die Menschen abfärben, die große Probleme haben. Darum können Sie ihnen Ihr Mitgefühl am besten dadurch zeigen, dass Sie Zeit mit ihnen verbringen oder für sie beten.

Dann können Sie sich in der *Gebetsstärke der Anbetung* üben, indem Sie Gott dafür preisen, dass er Ihre Bitten hört.

Und in der *Gebetsstärke der Dankbarkeit* entwickeln Sie sich dadurch weiter, dass Sie Gott dafür danken, dass er Ihre Gebete beantwortet. An dieser Stelle ist auch das Gebetstagebuch wieder sehr hilfreich, in dem Sie die Gebetserhörungen festhalten, die Gott Ihnen geschenkt hat.

Bibelstellen zur Gebetsstärke des Vertrauens
Matthäus 6,7-8 · Matthäus 7,7 · Matthäus 21,22 · Johannes 14,3 · Johannes 15,7 · Römer 8,31-34 · Jakobus 4,7 · 1. Johannes 5,14

Mitgefühl: Sie brauchen Hilfe

Sie neigen von Natur aus dazu, auf Ihre Mitmenschen zu achten. Wenn Sie die Gebetsstärke des Mitgefühls besitzen, sind Sie ein Mensch, der dazu geboren scheint, Probleme zu lösen, der seinen Freunden treu zur Seite steht und sensibel ist für die Bedürfnisse seiner Mitmenschen. Sie beten für andere, aber Sie ergänzen Ihre Gebete oft durch entsprechende Taten. Sie denken, es sei doch sinnlos, nicht zu helfen, wenn Sie es können, aber Sie denken auch, dass es sinnlos sei zu handeln, ohne gleichzeitig dafür zu beten, dass Gott ebenfalls eingreift. Wenn Sie die Gebetsstärke des Mitgefühls haben, dann halten Sie ständig nach Menschen Ausschau, die Hilfe brauchen, um dann mit ihren Problemen zu Gott zu gehen und ihn um sein Eingreifen zu bitten.

Mitgefühl zu haben bedeutet, Fürbitte zu tun, und dafür ist es nicht notwendig, alle Einzelheiten einer Situation zu kennen. Während manche ein Anliegen hören und es gleich darauf wieder vergessen, erinnern Sie sich später im Gebet daran. Und wenn Sie die betreffende Person dann das nächste Mal sehen, erkundigen Sie sich, wie es ihr geht. Manchmal stellen Sie fest, dass Sie länger für die Anliegen Ihrer Mitmenschen beten als diese selbst. Vielleicht kommt es sogar so weit, dass Sie sich mehr für andere einsetzen als diese sich für sich selbst. Ihr Mitgefühl übersteigt möglicherweise Ihre Ressourcen, was Zeit, Kraft und finanzielle Möglichkeiten betrifft. Wenn Sie die Gebetsstärke des Mitgefühls besitzen, wünschten Sie sich, Sie könnten mehr tun, weil Sie so viel mehr sehen, was getan werden könnte. Menschen mit dieser Gebetsstärke treten oft an andere heran, damit diese sich ebenfalls durch praktische Unterstützung oder Gebet für die Bedürftigen einsetzen. Dadurch multiplizieren sich die Ressourcen, die zur Verfügung stehen, um anderen zu helfen.

Biblischer Gebetspartner

Der barmherzige Samariter wäre ein hervorragender biblischer Gebetspartner für Sie (Lukas 10,30–37). Als der Samariter des Weges kam und den zusammengeschlagenen, ausgeraubten Mann sah, „hatte er Mitleid mit ihm" (Vers 33; Hfa). Die religiösen Führer, die zuvor vorbeigekommen waren und den Mann ebenfalls gesehen hatten, waren achtlos an ihm vorübergegangen. Aber der Samariter behandelte und verband seine Wunden, hob ihn auf sein Reittier und brachte ihn in einen Gasthof. Nachdem er ihn die Nacht über versorgt hatte, gab er dem Wirt Geld und sagte: „Pflege den Mann gesund! Sollte das Geld nicht reichen, werde ich dir den Rest auf meiner Rückreise bezahlen!" (Vers 35; Hfa). Heute wäre das etwa gleichbedeutend damit, seine Kreditkarte dazulassen, um alle entstehenden Kosten abzudecken. Christen mit der Gebetsstärke des Mitgefühls scheuen keine Mühen, um sicherzustellen, dass Menschen, die sich in einer Notlage befinden, wirklich hinreichende und nachhaltige Hilfe erhalten.

Wie Sie auf der Gebetsstärke des Mitgefühls aufbauen
Mitgefühl hängt eng mit Vertrauen zusammen. Wenn Sie auf die Probleme Ihrer Mitmenschen aufmerksam werden, stellen Sie schnell fest, dass Sie nicht alle Schwierigkeiten beseitigen können, denen Sie begegnen. Darum bringen Sie die Nöte Ihrer Mitmenschen zu Gott und verlassen sich darauf, dass er sich ihrer annehmen wird. So liegt es nahe, dass Sie ihm auch Ihre eigenen Nöte bringen und dadurch lernen, die *Gebetsstärke des Vertrauens* weiterzuentwickeln.

Und indem Sie über die Barmherzigkeit und das Mitgefühl Gottes nachdenken, wird wiederum Ihre *Gebetsstärke der Anbetung* wachsen. Machen Sie sich bewusst, dass er die Sorgen und Probleme Ihrer Mitmenschen schon kannte, bevor Sie davon erfuhren, und dass er bereits damit begonnen hat, sich in seiner Liebe darum zu kümmern.

Dann können Sie Ihre *Gebetsstärke der Dankbarkeit* fördern, indem Sie ihm dafür danken, dass er Ihre Augen für die Nöte Ihrer Mitmenschen öffnet und dass er sich darum kümmert – auch durch Ihre Person.

Bibelstellen zur Gebetsstärke des Mitgefühls
Sprüche 19,17 · Römer 12,15 · 1. Korinther 12,25–26 · 2. Korinther 1,11 · Epheser 6,18 · 1. Timotheus 2,1

Dankbarkeit: Danke

Sie neigen von Natur aus dazu, Gott zu danken. Wenn Ihre persönliche Gebetsstärke die Dankbarkeit ist, sind Sie zufrieden mit dem, was Gott Ihnen geschenkt hat. Statt nach etwas Besserem Ausschau zu halten, ruhen Sie in der Gewissheit, dass Gott Ihnen all das gegeben hat, was Sie für den heutigen Tag brauchen. Sie leben in der Gegenwart, weniger in der Vergangenheit oder in der Zukunft. Das macht Sie zu einem Menschen, mit dem andere gern zusammen sind, weil Sie nicht nur Gott dankbar sind, sondern auch Ihren Mitmenschen.

Während andere gesegnet sind und es nicht wissen, sind Sie sich jeder Segnung bewusst, die Ihnen zuteilwird, und leben in einer Grundhaltung der Dankbarkeit.

Dankbar zu sein ist gleichbedeutend damit, Wertschätzung zu äußern. Während manche denken, sie hätten verdient, was sie haben, ist Ihnen bewusst, dass Sie alles, was Sie besitzen, Gottes Fürsorge verdanken. Diese Dankbarkeit zeigt sich, wenn Sie Erfolg haben und jemand Sie dafür lobt: In solchen

Situationen besteht Ihr erster Impuls darin, Gott zu danken und ihm alle Ehre zu geben.

Sie wissen, dass die Art und Weise, wie Ihr Leben verläuft, keine Laune der Natur ist. Wahrscheinlich wissen Sie es sehr zu schätzen, dass Gott so aufmerksam auf die kleinen Dinge im Leben achtet. Sie erkennen sein Handeln oft an kleinen Details, die anderen entgehen, und wenn dies geschieht, wissen Sie, wie Sie ihm danken können.

Biblischer Gebetspartner

Der Apostel Paulus wäre ein idealer biblischer Gebetspartner für Sie. In seinen Briefen an die unterschiedlichen Gemeinden dankte Paulus fortwährend Gemeinden, Einzelpersonen und Gott selbst dafür, dass sie ihn in seinem Dienst unterstützten und für ihn sorgten. Im Kolosserbrief schrieb er: „Wenn wir in unseren Gebeten an euch denken, danken wir immer wieder Gott, dem Vater unseres Herrn Jesus Christus, für all die guten Dinge, die wir über euren Glauben und über eure Liebe zu allen Glaubensgeschwistern gehört haben" (Kolosser 1,3–4; WD). Er zählte im Einzelnen auf, warum er so dankbar für die Gemeinde in Kolossä war, die ihm nahestand. Er teilte seinen dortigen Glaubensgeschwistern mit: „Deshalb hören wir auch nicht auf, für euch zu beten, seit wir von euch gehört haben. Wir bitten Gott, dass er euch mit all der Weisheit und Einsicht erfüllt, die sein Geist euch schenkt, und dass er euch erkennen lässt, was sein Wille ist" (Vers 9; GN). Paulus wies darauf hin, was Gott in dieser Gemeinde und durch sie tat, und ermutigte seine Geschwister dadurch auf ihrem Weg der Nachfolge.

Wie Sie auf der Gebetsstärke der Dankbarkeit aufbauen

Dankbarkeit geht oft Hand in Hand mit Anbetung. Dankbarkeit stärkt unser Bewusstsein dafür, dass Gott der Geber aller guten Gaben ist. Dankbarkeit kann also eine Grundlage für die *Gebetsstärke der Anbetung* sein, weil Anbetung sich auf die grenzenlose Güte Gottes konzentriert, der es wert ist, zu jeder Zeit gepriesen zu werden.

Ihre Dankbarkeit kann auch dadurch zum Ausdruck kommen, dass Sie Gott Ihre Probleme in immer stärkerem Maß bringen und so wiederum in der *Gebetsstärke des Vertrauens* wachsen.

Stärken Sie dann Ihre *Gebetsstärke des Mitgefühls*, indem Sie Gott dafür danken, dass er Ihnen Menschen über den Weg schickt, die in Not sind. Bitten Sie ihn, Sie mit seinem Mitgefühl für diejenigen zu erfüllen, die mit Ihnen in Verbindung treten sollen.

Bibelstellen zu Gebetsstärke der Dankbarkeit

2. Samuel 22,49–51 · 1. Chronik 16,34 · Psalm 75,2 · Psalm 118,21 · Psalm 139,14 · Jesaja 12,1 · Jesaja 25,1 · Lukas 17,11–19 · Römer 6,16–18 · Epheser 5,20

Wem ich dankbar bin ...

- Liz Heaney und Karen Hill, meinen langjährigen Lektorinnen: Ihr arbeitet an einem Manuskript wie Michelangelo an einer Skulptur. Ihr hämmert alles Überflüssige weg, bis etwas übrig bleibt, das wirklich sehenswert ist. Danke für euren unermüdlichen Einsatz!
- dem Verlagsteam David Moberg, Paula Major, Liz Johnson, LeeEric Fesco, Greg und Susan Ligon, Jana Muntsinger und Pamela McClure: Ihr seid unglaublich dynamisch, offen, kreativ und leidenschaftlich!
- Steve und Cheryl Green: Ihr leitet zahllose Projekte und tröstet Dutzende von Menschen. Ihr seid wahre Superhelden, wenn es darum geht, Probleme zu lösen. Ich weiß nicht, was ich getan habe, um Freunde wie euch zu verdienen, aber ich würde es wieder tun!
- Carol Bartley, meiner Korrekturleserin: Es ist einfach ein gutes Gefühl zu wissen, dass du meinen Texten den letzten Schliff gibst. Tausend Dank für deine sorgfältige Arbeit!

- Randy und Rozanne Frazee: Ihr seid beständig, stark und unverwüstlich. Es ist eine Ehre, mit euch zusammenzuarbeiten!
- der *Oak Hills Church*: Ich bin schon ein Vierteljahrhundert bei euch und wir wachsen immer noch Jahr für Jahr enger zusammen!
- Tina Chisholm, Margaret Mechinus, Janie Padilla und Ashley Rosales: Ihr arbeitet bescheiden und unermüdlich im Hintergrund, und ihr habt viel mehr Anerkennung verdient, als ihr bekommt. Ich danke euch so sehr dafür, dass ihr immer für mich da seid!
- David Drury: Danke für deine Bereitschaft, jederzeit Knoten und Gedankenblockaden zu lösen und guten Rat zu erteilen!
- David Treat: Danke, dass du immer im Gebet hinter mir stehst!
- meinen Töchtern Andrea, Sara und Jenna und meinem Schwiegersohn Brett: Wenn ich euch anschaue, weiß ich, was es heißt, gesegnet zu sein!
- Denalyn, meiner lieben Frau: Weißt du, was meine liebste Gebetserhörung war? *Herr, mach, dass sie Ja sagt.* Er hat es getan. Du hast dir meinen Ring angesteckt und deinen Platz in meinem Herzen eingenommen ... für immer.

Anmerkungen

1 Frederick Dale Bruner: *Matthew: A Commentary by Frederick Dale Bruner*, Bd. 1, *The Christbook: Matthew 1–12*. Dallas: Word, 1987, S. 234
2 Das englische Wort „closet", das der Autor hier benutzt, bezeichnet oft eine Art kleines Ankleidezimmer oder begehbaren Schrankraum. (Anm. d. Übers.)
3 John Eldredge: *Der ungezähmte Messias: Über einen unwiderstehlichen Retter, der ihr Herz erobern wird.* Gerth Medien, Asslar, 2013, S. 85
4 Alan E. Nelson: *Broken in the Right Place.* Thomas Nelson, Nashville, 1994, S. 89
5 Helen Roseveare: *Living Faith: Willing to Be Stirred as a Pot of Paint.* Christian Focus Publications, Farn, 2007, S. 56–58
6 Philip Yancey: *Prayer: Does It Make Any Difference?* Zondervan, Grand Rapids, 2006, S. 266
7 Frederick Dale Bruner: *Matthew: A Commentary by Frederick Dale Bruner*, Bd. 2: *The Churchbook: Matthew 13–18*. Word, Dallas, 1990, S. 747

8   „Gottes Geschenk". Korrekt müsste es im Amerikanischen „God's Gift" geschrieben werden (Anm. d. Übers.)

9   Rick Reilly: „The Confounding World of Athlete Tattoos", in: ESPN *The Magazine*, 14. November 2009, http://sports.espn.go.com/espn/columns/story?columnist=reilly_rick &id=4644126&sportCat=nba

10 „A Rodeo Cowboy's Fight to Survive", © 2012 The Christian Broadcasting Network Inc. Abdruck erfolgt mit freundlicher Genehmigung; alle Rechte vorbehalten. Die ganze Geschichte wird wiedergegeben in: Freddy Vest: *The Day I Died: My Breathtaking Trip to Heaven and Back*, Charisma House, Lake Mary, FL, 2014

.

Hoffnung in stürmischen Zeiten

„Die Botschaft dieses Buches: Du wirst es schaffen! Gott macht aus jeder ungeraden Biografie etwas Positives."

ERF Antenne

Sie befürchten, dass Sie es nicht schaffen werden. Dass der Schmerz niemals vergehen wird. Dass die Last auf Ihren Schultern nicht leichter wird. Doch es gibt einen Ausweg! Die alte biblische Geschichte von Josef zeigt es deutlich. Von seinen Brüdern in eine Grube geworfen. Verraten und nach Ägypten verkauft. Doch Gott hat aus Bösem Gutes gemacht. Gott ist ein Meister darin, Gebrochene wieder aufzurichten. Damals wie heute. Es gibt genug Gründe zu verzweifeln. Doch Max Lucado zufolge müssen wir das nicht. Seine Botschaft: Du wirst es schaffen. Ein Buch wie ein Kraftspender, von der ersten bis zur letzten Seite.

 Max Lucado • Du wirst es schaffen
Gebunden • 224 Seiten • 978-3-95734-025-2

Gott lässt uns niemals im Stich

Ein wertiges Geschenkbuch, liebevoll zweifarbig gestaltet.

Früher oder später hält das Leben schwierige Situationen für uns bereit. Es ist nur eine Frage der Zeit, wann wir mit Schmerzen oder Enttäuschungen konfrontiert werden. Max Lucado erinnert daran, dass Gott uns etwas versprochen hat: dass er in jeder Situation bei uns sein wird. Und so begibt sich Lucado auf eine Entdeckungsreise durch das Leben von Josef. Eingewoben sind zahlreiche Geschichten aus dem wahren Leben von Menschen, die – wie Josef – Verzweiflung und Entmutigung erfahren haben, aber erleben durften, dass Gott auch in der dunkelsten Stunde an ihrer Seite war. Ein wertiges Geschenkbuch, liebevoll zweifarbig gestaltet.

 Max Lucado • Denn er trägt dich
Gebunden • 240 Seiten • 978-3-95734-059-7

Gottes Gegenwart im Alltag erleben

„Dieses Buch ist eine wunderbare Erinnerung daran, wie sehr Gott uns liebt. Manchmal fehlt uns jede Hoffnung und wir verlieren den Mut. Aber Gott lässt uns niemals im Stich. Er hält alle seine Versprechen und liebt uns bedingungslos."

Leserstimme

Gottes Gedanken über Sie sind so zahlreich wie die Sandkörner am Meer. Seine Träume für Sie reichen weiter als alle Tage Ihres Lebens zusammengenommen. Der Schöpfer des Universums ist lieber gestorben, als ohne Sie zu leben. Das alles sind „göttliche Wahrheiten", die wir gar nicht oft genug hören können. Dieses Buch des Bestsellerautors Max Lucado enthält 144 Andachten und schenkt Trost und Hoffnung. Enthalten sind sorgfältig zusammengestellte Auszüge aus bisherigen Büchern des Autoren. Leben Sie so, wie Gott sich dies für Sie wünscht: in dem Wissen, dass er Sie liebt und Sie nie alleinlässt.

Max Lucado • Weil er dich liebt
Gebunden • 320 Seiten • 978-3-86591-685-3

Der Verlag weist ausdrücklich darauf hin, dass im Text enthaltene externe Links vom Verlag nur bis zum Zeitpunkt der Buchveröffentlichung eingesehen werden konnten. Auf spätere Veränderungen hat der Verlag keinerlei Einfluss. Eine Haftung des Verlags ist daher ausgeschlossen.

Verlagsgruppe Random House FSC®N001967

Originally published in the U.S.A. under the title: *Before Amen*
Copyright © 2014 by Max Lucado
Published by arrangement with Thomas Nelson, a division of HarperCollins Christian Publishing, Inc.
www.thomasnelson.com
All rights reserved.
© 2016 Gerth Medien GmbH, Asslar,
in der Verlagsgruppe Random House GmbH, München

Die Bibelzitate wurden den folgenden Bibelübersetzungen entnommen:
Gute Nachricht Bibel, revidierte Fassung, durchgesehene Ausgabe, © 2000 Deutsche Bibelgesellschaft, Stuttgart. (GN)
Hoffnung für alle®, Copyright © 1983, 1996, 2002 by Biblica Inc.®.
Verwendet mit freundlicher Genehmigung von `fontis – Brunnen Basel.
Alle weiteren Rechte weltweit vorbehalten. (Hfa)
Luther, revidierte Fassung von 1984, durchgesehene Ausgabe.
© 1984 Deutsche Bibelgesellschaft, Stuttgart. (LÜ)
Neue evangelistische Übersetzung. © 2014 Karl-Heinz Vanheiden, www.kh-vanheiden.de (NeÜ)
Neue Genfer Übersetzung – Neues Testament und Psalmen, Copyright © 2011 Genfer Bibelgesellschaft. (NGÜ)
Willkommen daheim, © 2009 by Gerth Medien GmbH, Asslar, in der Verlagsgruppe Random House GmbH, München. (WD)

1. Auflage 2016
Bestell-Nr. 817088
ISBN 978-3-95734-088-7

Umschlaggestaltung: Diana Dörfl
Umschlagfoto: Fotolia/Shutterstock
Satz: Greiner & Reichel GmbH, Köln
Druck und Verarbeitung: GGP Media GmbH, Pößneck
Printed in Germany
Nachdruck, auch auszugsweise, nur mit Genehmigung des Verlages.